增補老子古義

楊樹達 著

貴州出版集團
貴州人民出版社

圖書在版編目（CIP）數據

增補老子古義 / 楊樹達著 . -- 貴陽 : 貴州人民出版社 , 2024. 9. -- ISBN 978-7-221-18627-0

Ⅰ . B223.15

中國國家版本館 CIP 數據核字第 20246Z8R59 號

增補老子古義

楊樹達　著

出版人　朱文迅
責任編輯　馬文博
裝幀設計　采薇閣
責任印製　衆信科技

出版發行　貴州出版集團　貴州人民出版社
地　　址　貴陽市觀山湖區中天會展城會展東路 SOHO 辦公區 A 座
印　　刷　三河市金兆印刷裝訂有限公司
版　　次　2024 年 9 月第 1 版
印　　次　2024 年 9 月第 1 次印刷
開　　本　710 毫米 ×1000 毫米　1/16
印　　張　18
字　　數　108 千字
書　　號　ISBN 978-7-221-18627-0
定　　價　88.00 元

出版説明

《近代學術著作叢刊》選取近代學人學術著作共九十種，編例如次：

一、本叢刊遴選之近代學人均屬于晚清民國時期，卒于一九一二年以後，一九七五年之前。

二、本叢刊遴選之近代學術著作涵蓋哲學、語言文字學、文學、史學、政治學、社會學、目録學、藝術學、法學、生物學、建築學、地理學等，在相關學術領域均具有代表性，在學術研究方法上體現了新舊交融的時代特色。

三、本叢刊遴選之近代學術著作的文獻形態包括傳統古籍與現代排印本，爲避免重新排印時出錯，本叢刊據原本原貌影印出版。原書字體字號、排版格式均未作大的改變，原書之序跋、附注皆予保留。

四、本叢刊爲每種著作編排現代目録，保留原書頁碼。

五、少數學術著作原書内容有些許破損之處，編者以不改變版本内容爲前提，稍加修補，難以修復之處保留原貌。

六、原版書中個別錯訛之處，皆照原樣影印，未作修改。

由于叢刊規模較大，不足之處，懇請讀者不吝指正。

目録

增補老子古義

附漢代老學者攷

上册

增補音學古義三卷

坿清代音學者攷

吳季仕題

老子古義自序

民國六載，南北交閧。余居家園，適爲兩方爭攫之地。一日，南帥宵去。明日旦，余出門，則見商肆嚴扃，居民扶老攜幼，婦女攜將筐篋，謀避地者絡繹於道。號呼之聲，慘不忍聞。余時痛極，心念老子「天地不仁，以萬物爲芻狗；聖人不仁，以百姓爲芻狗」之語。私謂命世哲人，早知此矣，故曰：「兵者不祥之器。」自是學校閉門，絃誦輟響。余感念既深，復多暇晷，乃取韓非解老、喻老、淮南道應諸篇，手自迻錄，繼復搜檢諸子古史之說老子者，附益之，合爲一帙，凡五十日而錄竟。以余舊有周易古義，是篇體式不違，遂名曰老子古義。去歲，郋園先生北來，將稿請益，猥以合於仲尼述而不作之旨，頗蒙贊許。余亦念刑名源於道德，秦漢時儒者類多服習老氏，則是編雖成於一時之感奮，而於學術源流，庶幾無悖。故取付書坊，印而布之。自知倉卒集事，容有遺脫，補苴罅漏，期諸他日云爾。民國十一年十一月卅一日，長沙楊樹達遇夫自序於北京都城隍廟街寓廬。

是書印行後，續得漏義九十事。兹四版付印，特增入焉。其他亦略有删移，下卷篇幅尤夥，遂析之爲二，凡爲書上中下三卷。舊著有漢代老學者考一篇，亦附於後云。十七年一月十一日，遇夫記于北

京六鋪炕寓廬之積微居

老子古義卷上

長沙 楊樹達 遇夫 譔集

一章

道可道，非常道；名可名，非常名。

（韓非子解老篇）凡理者，方圓短長麤靡堅脆之分也；故理定而後物可得道也。故定理有存亡，有死生，有盛衰。夫物之一存一亡，乍死乍生，初盛而後衰者，不可謂常；唯夫與天地之剖判也俱生，至天地之消散也不死不衰者，謂常。而常者，無攸易，無定理，無定理非在於常，是以不可道也。聖人觀其玄虛，用其周行，强字之曰道，然而可論。故曰道之可道，非常道也。
（淮南子道應訓）桓公讀書於堂，輪人斲輪於堂下，釋其椎鑿而問桓公曰：君之所讀者，何書也？桓公曰：聖人之書。輪扁曰：其人焉在？桓公曰：已死矣。輪扁曰：是直聖人之糟粕耳！桓公悖然作色而怒，曰：寡人讀書，工人焉得而譏之哉！有說則可，無說則死！輪扁曰：然，有說。臣試以臣之斲輪語之：大疾則苦而不入，大徐則甘而不固。不甘不苦，應於手，厭於心，而可以至妙者，臣不能以教臣之子，而臣之子亦不能得之於臣。是以行年七十，老而爲輪。今聖人之所言者，亦以懷其實窮而死；獨其糟粕在耳．故老子曰：道可道，非常道；名可名，非常名．

〔淮南子本經訓〕今至人生亂世之中，含德懷道，抱無窮之智，鉗口寢說，遂不言而死者，衆矣；然天下莫知貴其不言也．故道可道，非常道；名可名，非常名．著於竹帛，鏤於金石，可傳於人者，其粗也．五帝三王殊事而同指，異路而同歸．晚世學者不知道之所一體，德之所總要，取成之迹，相與危坐而說之，鼓歌而舞之；故博學多聞而不免於惑．

〔淮南子氾論訓〕百川異源而皆歸於海；百家殊業而皆務於治．王道缺而詩作；周室廢，禮義壞而春秋作．詩，春秋，學之美者也，皆衰世之造也．儒者循之以教導於世，豈若三代之盛哉？以詩春秋爲古之道而貴之，又有未作詩春秋之時。夫道其缺也，不若道其全也；誦先王之詩書，不若聞得其言；聞得其言，不若得其所以言。得其所以言者，言弗能言也。故道可道者，非常道也。（文子上義篇文略同。）

（文子道原篇）老子曰：夫事生者應變而動，變生於時，知時者無常之行。故道可道，非常道；名可名，非常名。書者，言之所生也，言出于智，智者不知，非常道也。名可名，非藏書者也。多言數窮，不如守中。絕學無憂，絕聖棄智，民利百倍。

（文子精誠篇）老子曰：賑窮補急則名生，起利除

害卽功成，世無災害，雖聖無所施其德；上下和睦，
雖賢無所立其功。故至人之治，含德抱道，推誠樂
施；無窮之智，寢說而不言；天下莫之知貴其不言
者。故道可道，非常道也；名可名，非常名也。
〔文子上禮篇〕古者被髮而無卷領，以王天下，其
德生而不殺，與而不奪；天下非其服，同懷其德。當
此之時，陰陽和平，萬物蕃息；飛鳥之巢可俯而探
也，走獸可係而從也。及其衰也，鳥獸蟲蛇皆爲民
害，故鑄鐵鍛刃以禦其難。故民迫其難則求其便，
因其患則操其備，各以其智去其所害，就其所利。
常故不可循，器械不可因；故先王之法度有變易

者也。故曰：名可名，非常名也。五帝異道而德覆天下，三王殊事而名後世，因時而變者也。譬猶師曠之調五音也，所推移上下，無常尺寸；以度而靡不中者。故通于樂之情者，能作音；有本主于中而知規矩鉤繩之所用者，能治人。故先王之制不宜，即廢之；末世之事善，即著之。故聖人之制禮樂者，不制于禮樂；制物者不制于物，制法者不制于法。故曰：道可道，非常道也。

無名，天地之始；

〔史記日者傳〕宋忠見賈誼於殿門外，乃相引屏語，相謂自歎，曰：道高益安，勢高益危。居赫赫之勢，失身且有日矣。夫卜而有不審，不見奪糈；爲人主計而不審，身無所處：此相去遠矣，猶天冠地屨也。

此老子之所謂無名者萬物之始也。

有名，萬物之母。故常無欲以觀其妙；常有欲以觀其徼。此兩者，同出而異名，同謂之玄。玄之又玄，衆妙之門。

二章

天下皆知美之爲美，斯惡已；皆知善之爲善，斯不善已。

〔淮南子道應訓〕太清問於無窮曰：子知道乎？無窮曰：吾弗知也。又問於無爲曰：子知道乎？無爲曰：

吾知道。子之知道亦有數乎？無爲曰：吾知道有數。
曰：其數奈何？無爲曰：吾知道之可以弱，可以强；可
以柔，可以剛；可以陰，可以陽；可以窈，可以明；可以
包裹天地，可以應待無方。此吾所以知道之數也。
太清又問於無始，曰：鄉者，吾問道於無窮，無窮曰：
吾弗知之。又問於無爲，無爲曰：吾知道。曰：子之知
道亦有數乎？無爲曰：吾知道有數。曰：其數奈何？無
爲曰：吾知道之可以弱，可以强；可以柔，可以剛；可
以陰，可以陽；可以窈，可以明；可以包裹天地，可以
應待無方。吾所以知道之數也。若是，則無爲之知，
與無窮之弗知，孰是？孰非？無始曰：弗知深而知之

淺；弗知內而知之外；弗知精而知之粗。太清仰而嘆，曰：然則不知乃知邪？知乃不知邪？孰知知之爲弗知，弗知之爲知邪？無始曰：道不可聞，聞而非也；道不可見，見而非也；道不可言，言而非也。孰知形之不形者乎！故老子曰：天下皆知善之爲善，斯不善也。故知者不言，言者不知也。文子微明篇文略同。

故有無相生，難易相成，

（文子道原篇）夫無形大，有形細；無形多，有形少；無形強，有形弱；無形實，有形虛。有形者，遂事也；無形者，作始也。遂事者，成器也，作始者，樸也。有形則有聲，無形則無聲；有形產於無形。故無形者，有形之始也。廣厚有名；有名者，貴全也；儉薄無名；無名者，賤輕也。殷富有名；有名者，尊寵也；貧寡無名；無名者，卑辱也。雄牡有名；有名者，章明也；雌牝無名；無名者，隱約也。有餘者有名；有名者，高賢也；不足者無名；無名者，任下也。有功即有名，無功即無名；有名產於無名，無名者，有名之母也。夫道，有無相生也；難易相成也。是以聖人執道虛靜微妙，以成其德。

長短相較，高下相傾，

（淮南子齊俗訓）古者，民童蒙不知東西；貌不羨乎情，而言不溢乎行。其衣致煖而無文，其兵戈銖而無及；其歌樂而無轉，其哭哀而無聲；鑿井而飲，耕田而食，無所施其美，亦不求得．親戚不相毀譽；朋友不相怨德．及至禮義之生，貨財之貴，而詐僞萌興，非譽相紛，怨德並行．於是乃有曾參孝己之美，而生盜跖莊蹻之邪．故有大路龍旂，羽蓋垂緌，結駟連騎，則必有穿窬拊楗抽箕踰備之姦；有詭文繁繡，弱緆羅紈，必有菅屩跐踦，短褐不完者．故高下之相傾也，短脩之相形也，亦明矣．

音聲相和，前後相隨．

是以聖人處無爲之事，行不言之教；

（莊子知北遊篇）知北遊於玄水之上，登隱弅之丘，而適遭无爲謂焉。知謂无爲謂曰：予欲有問乎若：何思何慮則知道？何處何服則安道？何從何道則得道？三問而无爲謂不答也。非不答，不知答也。知不得問，反於白水之南，登狐闋之丘，而覩狂屈焉。知以之言也問乎狂屈。狂屈曰：唉！予知之，將語若。中欲言而忘其所欲言。知不得問，反於帝宮，見黃帝而問焉。黃帝曰：无思无慮始知道，无處无服始安道，无從无道始得道。知問黃帝曰：我與若知之，彼與彼不知也，其孰是邪？黃帝曰：彼无爲謂真是也，狂屈似之，我與汝終不近也。夫知者不言，言者不知，故聖人行不言之教。

〔文子自然篇〕王道者，處無爲之事，行不言之教，淸靜而不動，一度而不搖；因循任下，責成而不勞．謀無失策，擧無過事．

萬物作焉而不辭，生而不有，爲而不恃，功成而弗居．夫唯弗居，是以不去．

〔淮南子道應訓〕子發攻蔡，踰之，宣王郊迎，列田百頃而封之執圭．子發辭不受，曰：治國立政，諸侯入賓，此君之德也．發號施令，師未合而敵遁，此將軍之威也．兵陳戰而勝敵者，此庶民之力也．夫乘民之功勞而取其爵祿者，非仁義之道也．故辭而弗受．故老子曰：功成而不居．夫惟不居，是以不去．

三章

不尙賢，使民不爭；

（淮南子齊俗訓）夫明鏡便於照形，其於以函食，不如簞。犧牛粹毛宜於廟牲；其於以致雨，不若黑蜧。由此觀之，物無貴賤。因其所貴而貴之，物無不貴也；因其所賤而賤之，物無不賤也。夫玉璞不厭厚，角觿不厭薄；漆不厭黑，粉不厭白：此四者，相反也，所急則均；其用一也。今之裘與蓑孰急？見雨則裘不用；升堂則蓑不御；此代爲帝者也。譬若舟車，楯，肆，窮廬，故有所宜也。故老子曰：不上賢者，言不致魚於木，沉鳥於淵。（文子自然篇文略同。）

〔文子下德篇〕人之情性，皆願賢己而疾不及人。願賢己，則爭心生；疾不及人，即怨心生。怨爭生，即心亂而氣逆；故古之聖王退爭怨。爭怨不生，即心治而氣順。故曰：不尚賢，使民不爭。

不貴難得之貨，使民不爲盜；

〔淮南子齊俗訓〕治國之道，上無苛令，官無煩治，士無僞行，工無淫巧。其事經而不擾，其器完而不飾。亂世則不然：爲行者相揭以高，爲禮者相矜以僞；車輿極於雕琢，器用逐於刻鏤；求貨者爭難得以爲寶，詆文者處煩撓以爲慧，爭爲佹辯，久稽而不訣，無益于治。工爲奇器，歷歲而後成，不周於用。

故神農之法曰：丈夫丁壯而不耕，天下有受其飢者；婦人當年而不織，天下有受其寒者。故身自耕，妻親織，以爲天下先。其導民也，不貴難得之貨，不器無用之物。是故其耕不强者無以養生，其織不强者無以揜形，有餘不足，各歸其身；衣食饒溢，姦邪不生；安樂無事，而天下太平。故孔丘曾參無所施其善，孟賁成荊無所行其威。（文子上義篇文同。）

不見可欲，使民心不亂。

（淮南子道應訓）令尹子佩請飲莊王，莊王許諾。子佩期之於京臺，莊王不往。明日，子佩跣揖，北面立於殿下，曰：昔者君王許之，今不果往，意者臣有罪乎？莊王曰：吾聞子具於强臺。强臺者，南望料山以臨方皇，左江而右淮，其樂忘死。若吾薄德之人，不可以當此樂也；恐留而不能反。故老子曰：不見可欲，使心不亂。

（蜀志秦宓傳）宓報李權書云：今戰國反覆，儀秦之術，殺人自生，亡人自存，經之所疾。故孔子發憤作春秋，大乎居正；復制孝經，廣陳德行，杜漸防萌，預有所抑。是以老氏絕禍於未萌，豈不信邪？成湯大聖，覩野魚而有獵逐之失；定公賢者，見女樂而棄朝事。道家法曰：不見所欲，使心不亂。

是以聖人之治，虛其心，實其腹；弱其志，强其骨；常使民無知無欲；使夫智者不敢爲也，爲無爲，則無不治。

四章

道沖而用之或不盈，淵兮似萬物之宗。

〔淮南子道應訓〕趙襄子攻翟而勝之，取左人終人。使者來謁之，襄子方將食，而有憂色。左右曰：一朝而兩城下，此人之所喜也。今君有憂色，何也？襄子曰：江河之大也，不過三日；飄風暴雨日中不須臾。今趙氏之德行無所積，今一朝兩城下，亡其及我乎？孔子聞之，曰：趙氏其昌乎！夫憂，所以爲昌也；而喜，所以爲亡也。勝非其難也；持之者其難也。賢主以此持勝，故其福及後世。齊楚吳越皆嘗勝矣；然而卒取亡焉，不通乎持勝也。唯有道之主能持勝。孔子勁杓國門之關，而不肯以力聞；墨子爲守攻，公輸般服，而不肯以兵知。善持勝者以强爲弱。故老子曰：道沖而用之，又弗盈也。（文子微明篇文略同。）

挫其銳，解其紛；和其光，同其塵。湛兮似或存。

（淮南子道應訓）吳起爲楚令尹，適魏，問屈宜咎曰：王不知起之不肖，而以爲令尹，先生試觀起爲之人也！屈子曰：將奈何？吳起曰：將衰楚國之爵而平其制祿，損其有餘而綏其不足；砥礪甲兵，以時爭利於天下。屈子曰：宜咎聞之，昔善治國家者不變其故，不易其常。今子將衰楚國之爵而平其制祿，損其有餘而綏其不足：是變其故，易其常也。行之者，不利。宜咎聞之，曰：怒者，逆德也；兵者，凶器也；爭者，人之所本也。逆之至也。且子用魯兵，不宜得志於齊，而得志焉；子用魏兵，不宜得志於秦，而得志焉。宜咎聞之，非禍人不能成禍。吾固惑吾王之數逆天道，戾人理，至今無禍；差須夫子也！吳起惕然，曰：尚可更乎？屈子曰：成形之徒，不可更也。子不若敦愛而篤行之！老子曰：挫其銳，解其紛；和其光，同其塵。又略見文子下德篇。

吾不知誰之子，象帝之先。

五章

天地不仁，以萬物爲芻狗；聖人不仁，以百姓爲芻狗。

（文子自然篇）天地不仁，以萬物爲芻狗；聖人不仁，以百姓爲芻狗。夫慈愛仁義者，近狹之道也。狹者入大而迷，近者行遠而惑。聖人之道，入大不迷，行遠不惑；常虛自守，可以爲極；是謂天德。

（後漢書輿服志）書曰：明試以功，車服以庸；言昔者聖人興天下之大利，除天下之大害，躬親其事，身履其勤，憂之勞之，不避寒暑，使天下之民物各得安其性命，無夭昏暴陵之災。是以天下之民敬而愛之，若親父母；則而養之，若仰日月。夫愛之者欲其長久，不憚力役，相與起作宮室，上棟下宇，以擁覆之，欲其長久也；敬之者欲其尊嚴，不憚勞煩。相與起作輿輪旌旗章表，以尊嚴之：斯愛之至，敬之極也。苟心愛敬，雖報之至，情由未盡，或殺身以爲之，盡其情也；奕世以祀之，明其功也。是以流光與天地比長，後世聖人知民之憂思深大者，必饗其樂；勤仁毓物使不夭折者，必受其福，故爲之制禮以節之，使夫上仁繼天統物，不伐其功，民物安逸，若道自然，莫知所謝。老子曰：聖人不仁，以百姓爲芻狗：此之謂也。

天地之間，其猶橐籥乎！虛而不屈，動而愈出。

多言數窮，不如守中。

（淮南子道應訓）王壽負書而行，見徐馮於周。徐馮曰：事者，應變而動，變生於時，故知時者無常行。書者，言之所出也。言出於知者，知者不藏書。於是王壽乃焚其書而舞之。故老子曰：多言數窮，不如守中。（文子道原篇文略同，見上道可道條。）

六章

谷神不死，是謂玄牝。玄牝之門，是謂天地根。綿綿若存，用之不勤。

（列子天瑞篇）有生不生，有化不化。不生者能生生，不化者能化化；生者不能不生，化者不能不化；
故常生常化。常生常化者，無時不生，無時不化。陰
陽爾，四時爾。不生者疑獨，不化者往復；往復其際
不可終，疑獨其道不可窮。黃帝書曰：谷神不死，是
謂玄牝；玄牝之門，是謂天地之根。緜緜若存，用之
不勤。故生物者不生，化物者不化；自生自化，自形
自色，自智自力，自消自息；謂之生化形色智力消
息者，非也。

（文子·精誠篇）老子曰：大道無爲；無爲即無有；無
有者，不居也；不居者，即虛而無形；無形者不動；不
動者，無言也；無言者，即靜而無聲。無形無聲者，視

之不見，聽之不聞：是謂微妙，是謂至神。緜緜若存，

是謂天地之根。

七章

天長地久。天地所以能長且久者，以其不自生，

故能長生。

是以聖人後其身而身先，外其身而身存；非以其

無私邪？故能成其私。

〔淮南子道應訓〕公儀休相魯而嗜魚，一國獻魚，

公儀子弗受。其弟子諫曰：夫子嗜魚，弗受何也？答

曰：夫唯嗜魚，故弗受。夫受魚而免於相，雖嗜魚，不

能自給魚；毋受魚而不免於相，則能長自給魚。此

明於爲人爲己者也。故老子曰：後其身而身先，外其身而身存，非以其無私邪？故能成其私。一曰：知足不辱。（韓詩外傳卷三文略同。）

八章

上善若水。水善利萬物而不爭，處衆人之所惡，故幾於道。居善地，心善淵，與善仁，言善信，正善治，事善能，動善時。夫惟不爭，故無尤。

九章

持而盈之，不如其已；揣而棁之，不可長保。

（淮南子道應訓）白公勝得荊國，不能以府庫分人。七日，石乞入曰：不義得之，又不能布施，患必至矣。不能予人，不若焚之！毋令人害我！白公弗聽也。九日，葉公入；乃發大府之貨以予衆，出高庫之兵以賦民；因而攻之，十有九日而擒白公。夫國非其有也，而欲有之，可謂至貪也。不能爲人，又無以自爲，可謂至愚矣。譬白公之嗇也，何以異於梟之愛其子也！故老子曰：持而盈之，不如其已；揣而銳之，不可長保也。（文子微明篇文略同。）

金玉滿堂，莫之能守；富貴而驕，自遺其咎。功遂身退，天之道。

〔淮南子道應訓〕魏武侯問於李克曰：吳之所以亡者，何也？李克對曰：數戰而數勝。武侯曰：數戰數勝，國之福；其獨以亡，何故也？對曰：數戰則民罷，數勝則主憍。以憍主使罷民，而國不亡者，天下鮮矣。憍則恣，恣則極物；罷則怨，怨則極慮。上下俱極，吳之亡猶晚矣；夫差之所以自剄於干遂也。故老子曰：功成名遂，身退，天之道也。（文子道德篇文略同。）

（文子上德篇）狡兔得而獵犬烹，高鳥盡而良弓藏。功成名遂，身退，天道然也。

（漢書疏廣傳）見四十四章知足不辱條。

（牟子理惑論）問曰：老子云：知者不言，言者不知。又曰：大辯若訥，大巧若拙。君子恥言過行。設沙門有至道，奚不坐而行之？何復談是非，論曲直乎？僕以爲此德行之賤也。牟子曰：來春當大饑，今秋不食；黃鐘應寒，蕤賓重裘；備預雖早，不免於愚。老子所云，謂得道者耳；未得道者，何知之有乎？大道一言而天下悅，豈非大辯乎？老子不云乎？功遂身退，天之道也。身既退矣，又何言哉。

（牟子理惑論）見後十三章何謂貴大患若身條。

十章

載營魄抱一，能無離乎？專氣致柔，能嬰兒乎？

（淮南子道應訓）顏回謂仲尼曰：回益矣。仲尼曰：何謂也？曰：回忘禮樂矣。仲尼曰：可矣，猶未也。異日，復見，曰：回益矣。仲尼曰：何謂也？曰：回忘仁義矣。仲尼曰：可矣，猶未也。異日，復見，曰：回坐忘矣。仲尼遽然曰：何謂坐忘？顏回曰：隳支體，黜聰明，離形去知，洞於化通，是謂坐忘。仲尼曰：洞則無善也，化則無常矣，而夫子薦賢，丘請從之後。故老子曰：載營魄抱一，能無離乎？專氣至柔，能如嬰兒乎？

滌除玄覽，能無疵乎？愛民治國，能無知乎？天門開闔，能無雌乎？明白四達，能無爲乎？

（淮南子道應訓）齧缺問道於被衣，被衣曰：正女形，壹女視，天和將至；攝女知，正女度，神將來舍；德將來附若美，而道將爲女居；惷乎若新生之犢，而無求其故！言未卒，齧缺繼以讎夷。被衣行歌而去，曰：形若槁骸，心如死灰，真其實知，以故自持；墨墨恢恢，無心可與謀，彼何人哉？故老子曰：明白四達，能無以知乎？（文子道原篇作孔子問老子答，文略同。）

生之畜之，生而不有，爲而不恃，長而不宰，是謂玄德。

〔莊子達生篇〕有孫休者，踵門而詫子扁慶子曰：休居鄉不見謂不修，臨難不見謂不勇；然而田原不遇歲，事居不遇世，賓於鄉里，逐於州部，則胡罪乎？天哉！休惡遇此命也！扁子曰：子獨不聞夫至人之自行邪？忘其肝膽，遺其耳目，芒然彷徨乎塵垢之外，逍遙乎無事之業，是謂爲而不恃，長而不宰。

今汝飾智以驚愚，修身以明汙，昭昭乎若揭日月而行也；汝得全而形軀，具而九竅，无中道夭於聾盲跛蹇而比於人數，亦幸矣！又何暇乎天之怨哉！子往矣！

（文子道原篇）天常之道，生物而不有，成化而不宰；萬物恃之而生，莫之知德；恃之而死，莫之能怨。收藏畜積而不加富，布施稟受而不益貧。

十一章

三十輻共一轂；當其無，有車之用；

（文子上德篇）三十輻共一轂，各直一鑿，不得相入，猶人臣各守其職也。

〔史記太史公自序〕二十八宿環北辰，三十輻共一轂，運行無窮，輔拂股肱之臣配焉，忠信行道，以奉主上。〔樹達按：以輻轂喻君臣，與文子義同。〕

埏埴以爲器，當其無，有器之用；鑿戶牖以爲室，當其無，有室之用。

故有之以爲利，無之以爲用。

〔文子道原篇〕故有道卽有德，有德卽有功，有功卽有名，有名卽復歸於道，功名長久，終身無咎。王公有功名，孤寡無功名，故曰：聖人自謂孤寡，歸其根本；功成而不有，故有功以爲利，無名以爲用。

十二章

五色令人目盲；五音令人耳聾；五味令人口爽；馳騁畋獵，令人心發狂；難得之貨，令人行妨。是以聖人爲腹不爲目；

〔莊子天地篇〕百年之木，破爲犧樽；青黃而文之，其斷在溝中。比犧樽於溝中之斷，則美惡有間矣；其於失性一也。跖與曾史，行義有間矣；然其失性均也。且夫失性有五：一曰五色亂目，使目不明；二曰五聲亂耳，使耳不聰；三曰五臭薰鼻，困惾中顙；四曰五味濁口，使口厲爽；五曰趣舍滑心，使性飛揚。此五者，皆生之害也。

〔牟子理惑論〕老子曰：五色令人目盲；五音令人

耳聾；五味令人口爽；馳騁畋獵，令人心發狂；難得之貨，令人行妨。聖人爲腹不爲目。此言豈虛哉！柳下惠不以三公之位易其行，段干木不以其身易魏文之富，許由巢父栖木而居，自謂安於帝宇；夷齊餓於首陽，自謂飽於文武。蓋各得其志而已；何不聊之有乎？

故去彼取此。

（淮南子道應訓）季子治亶父三年，而巫馬期絻衣短褐，易容貌，往觀化焉。見夜漁者得魚則釋之。巫馬期問焉，曰：凡子所爲漁者，欲得也。今得而釋之，何也？漁者對曰：季子不欲人取小魚也。所得者小魚，是以釋之。巫馬期歸，以報孔子，曰：季子之德至矣！使人闇行若有嚴刑在其側者。季子何以至於此？孔子曰：丘嘗問之以治，言曰：「誠於此者刑於彼。」季子必行此術也。故老子曰：去彼取此。

十三章

寵辱若驚，貴大患若身。何謂寵辱若驚？寵爲下，得之若驚；失之若驚：是謂寵辱若驚。何謂貴大患若身？吾所以有大患者，爲吾有身。及吾無身，吾有何患？

〔牟子理惑論〕牟子曰：人臨死，其家上屋呼之死已，復呼誰？或曰：呼其魂魄。牟子曰：神還則生，不還則何之乎？曰：成鬼神。牟子曰：是也。魂神固不滅矣，但身自朽爛耳。身譬如五穀之根葉，魂神如五穀之種實。根葉生必當死，種實豈有終亡？得道身滅耳。老子曰：吾所以有大患，以吾有身也。若吾無身，吾有何患？又曰：功成名遂身退，天之道也。

故貴以身爲天下，若可寄天下；愛以身爲天下，若可託天下。

（莊子在宥篇）自三代以下者，匈匈焉終以賞罰爲事，彼何暇安其性命之情哉！而且說明邪？是淫於色也；說聰邪？是淫於聲也；說仁邪？是亂於德也；說義邪？是悖於理也；說禮邪？是相於技也；說樂邪？

是相於淫也；說聖邪？是相於藝也；說知邪？是相於疵也。天下將安其性命之情，之八者，存可也，亡可也；天下將不安其性命之情，之八者，乃始臠卷獊囊而亂天下也。而天下乃始尊之惜之，甚矣天下之惑也！豈直過也而去之邪！乃齊戒以言之，跪坐以進之，鼓歌以儛之，吾若是何哉！故君子不得已而臨莅天下，莫若無爲。無爲也而後安其性命之情。故貴以身於爲天下，則可以託天下；愛以身於爲天下，則可以寄天下。

〔莊子讓王篇〕堯以天下讓許由，許由不受。又讓於子州支父，子州支父曰：以我爲天子，猶之可也。

雖然，我適有幽憂之病，方將治之，未暇治天下也。夫天下，至重也；而不以害其生，又況他物乎？惟无以天下爲者，可以託天下也。（呂氏春秋仲春紀貴生篇略同。）

〔淮南子道應訓〕大王亶父居邠，翟人攻之，事之以皮帛珠玉而弗受，曰：翟人之所求者地；無以財物爲也！大王亶父曰：與人之兄居而殺其弟，與人之父處而殺其子，吾弗爲。皆勉處矣！爲吾臣與翟人奚以異？且吾聞之也，不以其所養害其養。杖策而去，民相連而從之，遂成國於岐山之下。大王亶父可謂能保生矣。雖富貴，不以養傷身；雖貧賤，不以利累形。今受其先人之爵祿，則必重失之；生之所自來者久矣，而輕失之，豈不惑哉！故老子曰：貴以身爲天下，焉可以託天下；愛以身爲天下，焉可以寄天下矣。（文子上仁篇無太王事，餘略同。）

十四章

視之不見名曰夷，聽之不聞名曰希，搏之不得名曰微。此三者不可致詰，故混而爲一。其上不皦，其下不昧，繩繩不可名，復歸於無物。是謂無狀之狀，無物之象。

（韓非子解老篇）人希見生象也，而得死象之骨，案其圖以想其生也，故諸人之所以意想者，皆謂之象也。今道雖不可得聞見，聖人執其見功以處見其形；故曰：無狀之狀，無物之象。

（淮南子道應訓）田駢以道術說齊王，王應之曰：寡人所有，齊國也。道術難以除患，願聞國之政。田駢對曰：臣之言無政，而可以爲政。譬之若林木無材，而可以爲材。願王察其所謂，而自取齊國之政焉！已雖無除其患害，天地之間，六合之內，可陶冶而變化也。齊國之政，何足問哉！此老聃之所謂無狀之狀，無物之象者也。若王之所問者，齊也；田駢所稱者，材也。材不及林，林不及雨，雨不及陰陽，陰陽不及和，和不及道。（又略見文子微明篇。）

是謂惚恍。迎之不見其首，隨之不見其後。執古之道以御今之有，能知古始，是謂道紀．

十五章

古之善爲士者，微妙玄通，深不可識．夫唯不可識，故强爲之容，豫焉若冬涉川，猶兮若畏四鄰，儼兮其若容，渙兮若冰之將釋，敦兮其若樸，曠兮其若谷，混兮其若濁．

〔文子上仁篇〕古之善爲天下者，無爲而無不爲也，故爲天下有容，能得其容，無爲而有功，不得其容，動作必凶．爲天下有容者，豫兮其若冬涉大川，猶兮其若畏四鄰，儼兮其若容，渙兮其若冰之液，敦兮其若樸，混兮其若濁，廣兮其若谷，此爲天下容。豫兮其若冬涉大川者，不敢行也，猶兮其若畏四鄰者，恐自傷也；儼兮其若容者，謙恭敬也；渙兮其若冰之液者，不敢積藏也；敦兮其若樸者，不敢廉成也；混兮其若濁者，不敢清明也；廣兮其若谷者，不敢盛盈也。進不敢行者，退不敢先也；恐自傷者，守柔弱不敢矜也；謙恭敬者，自卑下尊敬人也；不敢積藏者，自損弊不敢堅也；不敢廉成者，自虧缺，不敢全也；不敢清明者，處濁辱而不敢新鮮也；不敢盛盈者，見不足而不敢自賢也。夫道退，故能先；守柔弱，故能矜；自卑下，故能高人；自損弊，故實堅；自虧缺，故盛全；處濁辱，故新鮮；見不足，故能賢。

道無爲而無不爲也。

孰能濁以止？靜之徐清；孰能安以久？動之徐生。保此道者不欲盈。夫唯不盈，故能蔽不新成。

〔淮南子道應訓〕孔子觀桓公之廟，有器焉，謂之宥卮。孔子曰：善哉！予得見此器！顧曰：弟子取水！水至，灌之，其中則正，其盈則覆。孔子造然革容，曰：善哉！持盈者乎！子貢在側，曰：請問持盈。曰：益而損之。曰：何謂益而損之？曰：夫物盛而衰，樂極則悲；日中而移，月盈而虧。是故聰明睿智，守之以愚；多聞博辯，守之以陋；武力毅勇，守之以畏；富貴廣大，守之以儉；德施天下，守之以讓。此五者，先王所以守天下而弗失也，反此五者，未嘗不危也。故老子曰：服此道不欲盈，夫唯不盈，故能弊而不新成。（文子十守篇文略同。）

十六章

致虛極，守靜篤；萬物並作，吾以觀其復。

（淮南子道應訓）尹需學御三年而無得焉。私自苦痛，常寢想之，中夜夢受秋駕於師。明日，往朝，師望而謂之曰：吾非愛道於子也，恐子不可予也，今日教子以秋駕。尹需反走，北面再拜曰：臣有天幸，今夕固夢受之。故老子曰：致虛極，守靜篤；萬物並作，吾以觀其復也。

（文子道原篇）老子曰：聖人忘乎治人而在乎自

理，貴忘乎勢位而在乎自得；自得，卽天下得我矣。
樂忘乎富貴而在乎和；知大己而小天下，幾於道
矣。故曰致虛極也；守靜篤也；萬物並作，吾以觀其
復。

夫物芸芸，各歸其根；歸根曰靜，是謂復命。復命
曰常，知常曰明；不知常，妄作，凶；知常，容。容
乃公，公乃王，王乃天，天乃道，道乃久；沒身不
殆。

十七章

太上，下知有之；

〔韓非子難三篇〕今有功者必賞，賞者不得君，力

之所致也；有罪者必誅，誅者不怨上，罪之所生也。民知誅罰之皆起於身也，故習功利於業而不受賜於君。太上，下智有之：此言太上之下民無說也。安取懷惠之民？上君之民無利害；說以悅近來遠，亦可舍已。

（淮南子主術訓）是故得道者不爲醜飾，不爲僞善。一人被之而不褒；萬人蒙之而不褊。是故重爲惠若重爲暴，則治道通矣。爲惠者，尚布施也；無功而厚賞，無勞而高爵，則守職者懈於官，而遊居者亟於進矣。爲暴者，妄誅也；無罪者而死亡，行直而被刑，則修身者不勸善，而爲邪者輕犯上矣。故爲惠者生姦，而爲暴者生亂。姦亂之俗，亡國之風。是故明主之治，國有誅者，而主無怒焉；朝有賞者，而君無與焉。誅者不怨君，罪之所當也；賞者不德上，功之所致也。民知誅賞之來皆在於身也，故務功修業，不受贛於君。是故朝廷蕪而無迹，田野辟而無草。故太上下知有之。文子自然篇文同。

其次親而譽之；其次畏之；其次侮之。信不足，焉有不信焉，悠兮其貴言；功成事遂，百姓皆謂我自然。

十八章

大道廢，有仁義；慧智出，有大僞；六親不和，有孝慈；

國家昏亂，有忠臣。

（淮南子道應訓）魏文侯觴諸大夫於曲陽，飲酒酣，文侯喟然歎曰：吾獨無豫讓以爲臣乎！蹇重舉白而進之，曰：請浮君！君曰：何也？對曰：臣聞之，有命之父母，不知孝子；有道之君，不知忠臣。夫豫讓之君，亦何如哉？文侯受觴而飲，釂，不獻，曰：無管仲鮑叔以爲臣，故有豫讓之功。故老子曰：國家昏亂，有忠臣。

十九章

絕聖棄智，民利百倍；

〔莊子在宥篇〕昔者黃帝始以仁義攖人之心，堯舜於是乎股无胈，脛无毛，以養天下之形，愁其五藏以爲仁義，矜其血氣以規法度，然猶有不勝也。堯於是放讙兜於崇山，投三苗於三危，流共工於幽都，此不勝天下也夫！施及三王而天下大駭矣！下有桀跖，上有曾史，而儒墨畢起；於是乎喜怒相疑，愚知相欺，善否相非，誕信相譏，而天下衰矣！大德不同，而性命爛漫矣！天下好知，而百姓求竭矣！於是乎釿鋸制焉，繩墨殺焉，椎鑿決焉，天下脊脊大亂；罪在攖人心。故賢者伏處大山嵁巖之下，而萬乘之君憂慄乎廟堂之上，今世殊死者相枕也，桁楊者相推也，刑戮者相望也，而儒墨乃始離跂攘臂乎桎梏之閒。意甚矣哉！其无愧而不知耻也！甚矣！吾未知聖知之不爲桁楊椄槢也，仁義之不爲桎梏鑿枘也，焉知曾史之不爲桀跖嚆矢也！故曰絕聖棄知而天下大治。

（淮南子道應訓）跖之徒問跖曰：盜亦有道乎？跖曰：奚適其有道也！夫意而中藏者，聖也；入先者，勇也；出後者，義也；分均者，仁也；知可否者，智也。五者不備而能成大盜者，天下無之。由此觀之，盜賊之心，必託聖人之道而後可行。故老子曰：絕聖棄智，民利百倍。

〔文子道原篇〕見前一章道可道條．

絕仁棄義，民復孝慈；絕巧棄利，盜賊無有．此三者，以爲文，不足；故令有所屬．見素抱樸，少私寡欲．

二十章

絕學無憂．

〔文子道原篇〕見前一章道可道條．

〔後漢書范升傳〕升上奏云：老子又曰：絕學無憂，絕末學也．樹達按：升傳云：升習梁丘易老子，教授後生．

唯之與阿，相去幾何？善之與惡，相去何若？

人之所畏，不可不畏．

（淮南子道應訓）成王問政於尹佚曰：吾何德之行而民親其上？對曰：使之以時而敬順之。王曰：其度安至？曰：如臨深淵，如履薄冰。王曰：懼哉王人乎！尹佚曰：天地之間，四海之內，善之，則吾畜也；不善，則吾讎也。昔夏商之臣反讎桀紂而臣湯武；宿沙之民皆自攻其君而歸神農：此世之所明知也。如何其無懼也？故老子曰：人之所畏，不可不畏也。（文子上仁篇文略同，作文子問老子答。）

荒兮其未央哉！衆人熙熙，如享太牢，如登春臺；我獨泊兮其未兆，如嬰兒之未孩；儽儽兮若無所歸。衆人皆有餘，而我獨若遺。我愚人之心也哉！

沌沌兮！俗人昭昭，我獨昏昏；俗人察察，我獨悶悶；澹兮其若海，飂兮若無止；衆人皆有以，而我獨頑似鄙．我獨異於人而貴食母．

二十一章

孔德之容，惟道是從．

（牟子理惑論）威儀進止，與古之典禮無異，終日竟夜講道誦經，不預世事．老子曰：孔德之容，唯道是從，其斯之謂乎！

道之爲物，惟恍惟惚．惚兮恍兮，其中有象；恍兮惚兮，其中有物．窈兮冥兮，其中有精．其精甚真；其中有信．

（淮南子道應訓）晉文公伐原，與大夫期三日。三日而原不降．文公令去之．軍吏曰：原不過一二日，將降矣．君曰：吾不知原三日而不可得下也，以與大夫期，盡而不罷，失信得原，吾弗爲也．原人聞之，曰：有君若此，可弗降也？遂降．溫人聞，亦請降．故老子曰：窈兮冥兮，其中有精．其精甚真，其中有信．故美言可以市尊；美行可以加人．

自古及今，其名不去，以閱衆甫．吾何以知衆甫之狀哉？以此．

二十二章

曲則全；枉則直．

〔淮南子道應訓〕晉公子重耳出亡，過曹，無禮焉．釐負羈之妻謂釐負羈曰：君無禮於晉公子．吾觀其從者皆賢人也．若以相夫子反晉國，必伐曹，子何不先加德焉？釐負羈遺之壺餕而加璧焉．重耳受其餕而反其璧．及其反國，起師伐曹，尅之，令三軍無入釐負羈之里．故老子曰：曲則全；枉則直．窪則盈；敝則新．少則得；多則惑．是以聖人抱一以爲天下式．不自見，故明；不自是，故彰；不自伐，故有功；不自矜，故長．

夫唯不爭，故天下莫能與之爭．

〔淮南子道應訓〕趙簡子死，未葬，中牟入齊．已葬五日，襄子起兵攻圍之，未合，而城自壞者十丈。襄子擊金而退之。軍吏諫，曰：君誅中牟之罪而城自壞，是天助我，何故去之？襄子曰：吾聞之叔向曰：君子不乘人於利，不迫人於險。使之治城，城治而後攻之。中牟聞其義，乃請降。故老子曰：夫唯不爭，故天下莫能與之爭。

〔人物志釋爭篇〕是故君子之求勝也，以推讓爲利銳，以自修爲棚櫓；靜則閉嘿泯之玄門，動則由恭順之通路。是以戰勝而爭不形，敵服而怨不構。若然者，悔悋不存於聲色，夫何顯爭之有哉？彼顯爭者必自以爲賢人，而人以爲險詖者。實無險德，則無可毀之義；若信有險德，又何可與訟乎？險而與之訟，是柙兕而攖虎，其可乎？怒而害人亦必矣．易曰：險而違者訟，訟必有衆起．老子曰：夫惟不爭，故天下莫能與之爭．樹達按：今易違作健．

古之所謂曲則全者，豈虛言哉？誠全而歸之．

二十三章

希言自然．故飄風不終朝；驟雨不終日．孰爲此者？天地．天地尚不能久，而況於人乎？

（牟子理惑論）問曰：道家云堯舜周孔七十二弟子皆不死．而仙佛家云：人皆當死，莫能免．何哉？牟子曰：此妖妄之言，非聖人所語也。老子曰：天地尚不得長久，而況人乎？

故從事於道者，道者同於道；

〔淮南子道應訓〕大司馬捶鉤者年八十矣，而不失鉤芒。大司馬曰：子巧邪？有道邪？曰：臣有守也。臣年二十，好錘鉤；於物無視也；非鉤，無察也。是以用之者必假於弗用也，而以長得其用。而況持無不用者乎？物孰不濟焉？故老子曰：從事於道者同於道。

德者同於德；失者同於失。同於道者，道亦樂得之；同於德者，德亦樂得之；同於失者，失亦樂得之．信不足，焉有不信焉．

二十四章

企者不立；跨者不行．自見者不明；自是者不彰；自伐者無功；自矜者不長．其在道也，曰餘食贅行，物或惡之；故有道者不處．

二十五章

有物混成，先天地生；寂兮寥兮，獨立不改，周行而不殆，可以爲天下母．吾不知其名，字之曰道．强爲之名曰大．

（張衡靈憲）太素之前，幽清玄靜，寂寞冥默，不可爲象，厥中惟無．如是者永久焉，斯謂溟涬，蓋乃道之根也。道根既建，自無生有；太素始萌，萌而未兆，并氣同色，渾沌不分。故道志之言云：有物渾成，先天地生。其氣體固未可得而形，其遲速固未可得而紀也。如是者又永久焉，斯謂龐鴻，蓋乃道之幹也。道幹既育，有物成體。於是元氣剖判，剛柔始分，清濁異位，天成於外，地定於內。天體於陽，故圓以動；地體於陰，故平以靜。動以行施，靜以合化，堙鬱構精，時育庶類，斯謂太玄，蓋乃道之實也。

〔文子道原篇〕老子曰：有物混成，先天地生；惟象無形，窈窈冥冥，寂寥淡漠，不聞其聲。吾強爲之名，字之曰道。夫道者，高不可極，深不可測；苞裹天地，稟受無形；原流泏泏，沖而不盈。濁以靜之徐清，施之無窮；無所朝夕，表之不盈一握。約而能張，幽而能明，柔而能剛；含陰吐陽而章三光。山以之高，淵以之深；獸以之走，鳥以之飛；麟以之遊，鳳以之翔；星歷以之行。以亡取存，以卑取尊，以退取先。

（牟子理惑論）立事不失道德，猶調絃不失宮商。天道法四時，人道法無常。老子曰：有物混成，先天地生，可以爲天下母。吾不知其名，强字之曰道。道之爲物，居家可以事親，宰國可以治民，獨立可以治身。履而行之，充乎天地；廢而不用，消而不離。

（列子仲尼篇注引何晏无名論）夏侯玄曰：天地

以自然運，聖人以自然用。自然者，道也。道本无名，故老氏曰：彊爲之名。仲尼稱堯蕩蕩无能名焉，下云巍巍成功：則彊爲之名，取世所知而稱耳；豈有名而更當云无能名焉者邪！夫惟无名，故可得徧以天下之名名之；然豈其名也哉！

大曰逝；逝曰遠；遠曰反。

故道大，天大，地大，王亦大。域中有四大，而王居其一焉。

〔淮南子道應訓〕甯越欲干齊桓公，困窮無以自達，於是爲商旅將任車以商於齊，暮宿於郭門之外。桓公郊迎客，夜開門，辟任車，爝火甚盛，從者甚衆。甯越飯牛車下，望見桓公而悲，擊牛角而疾商歌。桓公聞之，撫其僕之手，曰：異哉！歌者非常人也！命後車載之。桓公反至，從者以請。桓公贛之衣冠而見之。甯越見，說以爲天下。桓公大說，將任之。羣臣爭之，曰：客，衞人也。衞之去齊不遠，君不若使人問之。問之而故賢者也，用之未晚。桓公曰：不然。問之，患其有小惡也。以人之小惡而忘人之大美，此人主之所以失天下之士也。凡聽必有驗，一聽而弗復問，合其所以也。且人固難全也，權而用其長者而已矣。當是舉也，桓公得之矣。故老子曰：天大，地大，道大，王亦大。域中有四大，而王處其一焉。以言其能包裹之也．

人法地，地法天，天法道，道法自然．

二十六章

重爲輕根，靜爲躁君．是以聖人終日行不離輜重．雖有榮觀，燕處超然．奈何萬乘之主而以身輕天下？輕則失本，躁則失君．

〔韓非子喻老篇〕制在己曰重，不離位曰靜．重則能使輕，靜則能使躁．故曰：重爲輕根，靜爲躁君．故曰：君子終日行不離輜重也．邦者，人君之輜重也．主父生傳其邦，此離其輜重者也．故雖有代雲中之樂，超然已無趙矣．主父，萬乘之主；而以身輕於天下無勢之謂輕，離位之謂躁，是以生幽而死。故曰：輕則失本，躁則失君，主父之謂也。

二十七章

善行無轍迹；善言無瑕讁；善數不用籌策。善閉無關楗而不可開；善結無繩約而不可解。

〔淮南子道應訓〕秦皇帝得天下，恐不能守，發邊戍，築長城，修關梁，設障塞，具傳車，置邊吏，然劉氏奪之若轉閉錘。昔武王伐紂，破之牧野；乃封比干之墓，表商容之閭，柴箕子之門，朝成湯之廟，發鉅橋之粟，散鹿臺之錢；閉鼓折枹，弛弓絕絃，去舍露宿，以示平易；解劍帶笏，以示無仇。於此天下歌謠而樂之；諸侯執幣相朝，三十四世不奪。故老子曰：善閉者無關鍵而不可開也；善結者無繩約而不可解也。

〔淮南子說山訓〕夫至巧不用劍，善閉者不用關楗。淳于髡之告失火者，此其類。

是以聖人常善救人，故無棄人；常善救物，故無棄物。是謂襲明。

〔淮南子道應訓〕昔者公孫龍在趙之時，謂弟子曰：人而無能者，龍不能與遊。有客衣褐帶索而見，曰：臣能呼。公孫龍顧謂弟子曰：門下故有能呼者乎？對曰：無有。公孫龍曰：與之弟子之籍。後數日，往說燕王，至於河上，而航在一汜，使善呼者呼之，一呼而航來。故曰：聖人之處世，不逆有伎能之士。故老子曰：人無棄人，物無棄物，是謂襲明。

（文子自然篇）故聖人舉事，未嘗不因其資而用之也。有一功者處一位，有一能者服一事。力勝其任，即舉者不重也；能稱其事，即爲者不難也。聖人兼而用之，故人無棄人，物無棄材。

故善人者，不善人之師；不善人者，善人之資。

（淮南子道應訓）楚將子發好求技道之士。楚有善爲偷者往見，曰：聞君求技道之士，臣，楚市偷也；願以技齎一卒。子發聞之，衣不給帶，冠不暇正，出見而禮之。左右諫，曰：偷者，天下之盜也，何爲禮之？君曰：此非左右之所得與。後無幾何，齊興兵伐楚，子發將師以當之，兵三卻。楚賢良大夫皆盡其計而悉其誠，齊師愈强。於是市偷進請曰：臣有薄技，願爲君行之。子發曰：諾。不問其辭而遣之。偷則夜出解齊將軍之幬帳而獻之。子發因使人歸之，曰：卒有出薪者，得將軍之帷，使歸之於執事。明夕，復往取其枕，子發又使人歸之。明夕，復往取其簪，子發又使歸之。齊師聞之，大駭。將軍與軍吏謀，曰：今日不去，楚軍恐取吾頭。乃還師而去。故伎無細而能無薄，在人君用之耳。故老子曰：不善人，善人之資也.

不貴其師,不愛其資,雖智,大迷.是謂要妙.

(韓非子喻老篇)周有玉版,紂令膠鬲索之;文王不予.費仲來求,因予之.是膠鬲賢而費仲無道也.周惡賢者之得志也,故予費仲.文王舉太公於渭濱者,貴之也;而資費仲玉版者,是愛之也.故曰:不貴其師,不愛其資,雖知,大迷.是謂要妙.

二十八章

知其雄,守其雌,爲天下谿;常德不離,復歸於嬰兒.知其白,守其黑,爲天下式;爲天下式,常德不忒,復歸於無極.知其榮,守其辱,爲天下谷;

〔莊子天下篇〕以本爲精，以物爲粗，以有積爲不足，澹然獨與神明居：古之道術有在於是者，關尹老聃聞其風而悅之；建之以常无有，主之以太一；以濡弱謙下爲表，以空虛不毀萬物爲實。關尹曰：在己无居，形物自著：其動若水，其靜若鏡，其應若響；芴乎若亡，寂乎若清；同焉者和，得焉者失，未嘗先人，而常隨人。老聃曰：知其雄，守其雌，爲天下谿；知其白，守其辱，爲天下谷。人皆取先，己獨取後，曰：受天下之垢；人皆取實，己獨取虛：无藏也故有餘，巋然而有餘。其行身也，徐而不費，无爲也而笑巧；人皆求福，己毀曲全，曰：苟免於咎。以深爲根，以約爲紀，曰：堅則獨矣，銳則拙矣。常寬容於物，不削於人，可謂至極。關尹老聃乎！古之博大眞人哉！

（淮南子道應訓）趙簡子以襄子爲後，董閼于曰：無卹賤，今以爲後，何也？簡子曰：是爲人也，能爲社稷忍羞。異日，智伯與襄子飲，而批襄子之首，大夫請殺之。襄子曰：先君之立我也，曰：能爲社稷忍羞，豈曰能刺人哉？處十月，知伯圍襄子於晉陽，襄子疏隊而擊之，大敗知伯，破其首，以爲飲器。故老子曰：知其雄，守其雌，爲天下谿。

（淮南子道應訓）文王砥德修政，三年而天下二垂歸之。紂聞而患之，曰：余夙興夜寐，與之競行，則苦心勞形，縱而置之，恐伐余一人。崇侯虎曰：周伯昌行仁義而善謀，太子發勇敢而不疑，中子旦恭儉而知時，若與之從，則不堪其殃；縱而赦之，身必危亡。冠雖弊，必加於頭。及未成，請圖之！屈商乃拘文王於羑里。於是散宜生乃以千金求天下之珍怪，得騶虞雞斯之乘，玄玉百珏，大貝百朋，玄豹黃羆青豻白虎文皮千合，以獻於紂，因費仲而通。紂見而說之，乃免其身，殺牛而賜之。文王歸，乃爲玉門，築靈臺，相女童，擊鐘鼓，以待紂之失也。紂聞之，曰：周伯昌改道易行，吾無憂矣。乃爲炮烙，剖比干，剔孕婦，殺諫者。文王乃遂其謀。故老子曰：知其榮，守其辱，爲天下谷。

爲天下谷，常德乃足，復歸於樸。

樸散則爲器，

〔文子下德篇〕老子曰：雷霆之聲，可以鐘鼓象也；風雨之變，可以音律知也。大可覩者，可得而量也；明可見者，可得而蔽也；聲可聞者，可得而調也；色可察者，可得而別也。夫至大，天地不能函也；至微，神明不能領也。及至建律歷，別五色，異清濁，味甘苦，卽樸散而爲器矣。

聖人用之，則爲官長。

故大制不割。

〔淮南子道應訓〕薄疑說衞嗣君以王術。嗣君應之曰：予所有者，千乘也；願以受教。薄疑對曰：烏獲舉千鈞，又況一斤乎？杜赫以安天下說周昭文君。昭文君謂杜赫曰：願學所以安周。赫對曰：臣之所言不可，而不能安周；臣之所言可，則周自安矣。此所謂弗安而安者也。故老子曰：大制無割，故致數輿無輿也。

二十九章

將欲取天下而爲之，吾見其不得已。

天下，神器，不可爲也。爲者敗之，執者失之。

〔淮南子原道訓〕是故不得於心而有經天下之

氣，是猶無耳而欲調鐘鼓，無目而欲喜文章也；亦必不勝其任矣。故天下神器，不可爲也，爲者敗之，執者失之。夫許由小天下而不以己易堯者，志遺於天下也，所以然者，何也？因天下而爲天下也。天下之要，不在於彼，而在於我；不在於人，而在於我身，身得則萬物備矣。

〔文子道德篇〕文子問曰：古之王者以道蒞天下，爲之奈何？老子曰：執一無爲，因天地與之變化。天下，大器也，不可執也，不可爲也；爲者敗之，執者失之。執者，見小也；見小，故不能成其大也。無爲者，守靜也；守靜能爲天下正。

故物或行或隨，或歔或吹，或强或羸，或挫或隳．是以聖人去甚，去奢，去泰．

〔韓非子外儲說左下〕季孫好士，終身莊居處衣服，常如朝廷．而季孫適懈，有過失，而不能長爲也；故客以爲厭易己，相與怨之，遂殺季孫．故君子去泰去甚．

三十章

以道佐人主者，不以兵强天下；其事好還．師之所處，荆棘生焉．

〔漢書嚴助傳〕淮南王安上書云：臣聞長老言：秦之時，嘗使尉屠睢擊越！又使監祿鑿渠通道．越人逃入深山林叢，不可得攻；留軍屯守空地，曠日持久，士卒勞倦，越迺出擊之；秦兵大破，迺發適戍以備之。當此之時，外內騷動，百姓靡敝；行者不還，往者莫反，皆不聊生；亡逃相從，羣爲盜賊；於是山東之難始興。此老子所謂師之所處，荊棘生之者也。

大軍之後，必有凶年。

〔漢書嚴助傳〕淮南王安上書云：臣聞軍旅之後，必有凶年；言民之各以其愁苦之氣，薄陰陽之和，感天地之精，而災氣爲之生也。

〔漢書魏相傳〕相上書云：軍旅之後，必有凶年；言民以其愁苦之氣傷陰陽之和也。出兵雖勝，猶有後憂.

善有果而已,不敢以取强.果而勿矜,果而勿伐,果而勿驕;果而不得已:果而勿强.物壯則老,是謂不道;不道早已.

(牟子理惑論)見後五十五章.

三十一章

夫佳兵者,不祥之器.物或惡之,故有道者不處.君子居則貴左,用兵則貴右.兵者,不祥之器,非君子之器.不得已而用之,恬淡爲上,勝而不美.而美之者,是樂殺人.夫樂殺人者,則不可以得志於天下矣.吉事尚左,凶事尚右;偏將軍居左,上將軍居右：言以喪禮處之。殺人之衆，以哀悲泣之；戰勝，以喪禮處之。

（文子微明篇）起師十萬，日費千金，師旅之後，必有凶年。故兵者，不祥之器也；非君子之寶也。和大怨必有餘怨，奈何其爲不善也！

（文子上仁篇）夫欲名之大而求之爭之，吾見其不得已而雖執而得之，不留也。夫名不可求而得也；在天下與之；與之者歸之。天下所歸德也。故云上德者天下歸之；上仁者海內歸之；上義者一國歸之；上禮者一鄉歸之。無此四者，民不歸也。不歸，用兵，即危道也。故曰：兵者，不祥之器。不得已而用之，殺傷人，勝而勿美。故曰：死地荊棘生焉。以悲哀泣之，以喪禮居之。是以君子務于道德，不重用兵也。

三十二章

道常無名。樸雖小，天下莫能臣也。侯王若能守之，萬物將自賓。天地相合以降甘露，民莫之令而自均。始制有名；名亦既有，夫亦將知止。知止可以不殆。

譬道之在天下，猶川谷之於江海。

〔文子上仁篇〕古之爲君者，深行之謂之道德；淺行之謂之仁義；薄行之謂之禮智。此六者，國家之綱維也。深行之則厚得福；淺行之則薄得福；盡行之，天下服。古者，修道德即正天下；修仁義即正一國；修禮智即正一鄉；德厚者大，德薄者小。故位不以雄武立，不以堅强勝，不以貪競得。立在天下推己，勝在天下自服，得在天下與之，不在于自取。故雌牝即立，柔弱即勝，仁義即得，不爭即莫能與之爭。故道之在于天下也，譬猶江海也。

三十三章

知人者智，自知者明。

〔韓非子喻老篇〕楚莊王欲伐越，莊子諫，曰：王之伐越，何也？曰：政亂兵弱。莊子曰：臣患智之如目也，能見百步之外，而不能自見其睫．王之兵自敗於秦晉，喪地數百里：此兵之弱也．莊蹻爲盜於境內，而吏不能禁：此政之亂也．王之弱亂，非越之下也；而欲伐越，此智之如目也．王乃止．故知之難，不在見人，在自見．故曰：自見之謂明．

勝人者有力，自勝者强．

（韓非子喻老篇）子夏見曾子．曾子曰：何肥也？對曰：戰勝，故肥也．曾子曰：何謂也？子夏曰：吾入見先王之義，則榮之；出見富貴之樂，又榮之：兩者戰於胸中，未知勝負，故臞．今先王之義勝，故肥．是以志之難也，不在勝人，在自勝也．故曰：自勝之謂强．

〔文子下德篇〕老子曰：勝人者有力，自勝者强。能强者，必用人力者也；能用人力者，必得人心者也；能得人心者，必自得者也。未有得己而失人者也；未有失己而得人者也。

知足者富，强行者有志，不失其所者久，死而不亡者壽。

三十四章

大道氾兮其可左右。萬物恃之而生而不辭，功成不名有。衣養萬物而不爲主，常無欲，可名於小；萬物歸焉而不爲主，可名爲大。以其終不自爲大，故能成其大。

三十五章

執大象，天下往；往而不害，安平太；樂與餌，過客止．

道之出口，淡平其無味；視之不足見；聽之不足聞；用之不足既．

〔文子道德篇〕文子問曰：王者得其歡心，爲之奈何？老子曰：若江海卽是也．淡兮無味，用之不既，先小而後大．

〔文子道原篇〕淸靜者，德之至也；柔弱者，道之用也；虛無恬愉者，萬物之祖也．三者行，則淪于無形．無形者，一之謂也．一者，無匹合于天下也．布德不溉，用之不勤，視之不見，聽之不聞。

三十六章

將欲歙之，必固張之；將欲弱之，必固强之；將欲廢之，必固興之；將欲奪之，必固與之。是謂微明。柔弱勝剛强。

〔韓非子喻老篇〕越王入宦於吳，而觀之伐齊以弊吳。吳兵既勝齊人於艾陵，張之於江濟，强之於黃池，故可制於五湖。故曰：將欲翕之，必固張之；將欲弱之，必固强之。晉獻公將欲襲虞，遺之以璧馬；知伯將襲仇由，遺之以廣車。故曰：將欲取之，必固與之。起事於無形，而要大功於天下。故曰：是謂微明。處小弱而重自卑，謂損弱勝强也。

（蜀志許靖傳注引山陽公載記）建安十七年，漢立皇子熙爲濟陰王，懿爲山陽王，敦爲東海王。靖聞之，曰：將欲歙之，必固張之；將欲取之，必固與之：其孟德之謂乎！

魚不可脫於淵；國之利器，不可以示人。

（莊子胠篋篇）夫川竭而谷虛，丘夷而淵實；聖人已死，則大盜不起，天下平而無故矣；聖人不死，大盜不止；雖重聖人而治天下，則是重利盜跖也。爲之斗斛以量之，則並與斗斛而竊之；爲之權衡以稱之，則並與權衡而竊之；爲之符璽以信之，則並與符璽而竊之；爲之仁義以矯之，則並與仁義而竊之。何以知其然耶？彼竊鉤者誅，竊國者爲諸侯；諸侯之門而仁義存焉：則是非竊仁義聖知耶？故逐於大盜，揭諸侯，竊仁義，並斗斛權衡符璽之利者，雖有軒冕之賞弗能勸，斧鉞之威弗能禁。此重利盜賊而使不可禁者，是乃聖人之過也。故曰：魚不可脫於淵；國之利器，不可以示人。彼聖人者，天下之利器也；非所以明天下也。

（韓非子喻老篇）勢重者，人君之淵也。君人者勢重於人臣之閒，失則不可復得也。簡公失之於田成，晉公失之於六卿，而邦亡身死。故曰：魚不可脫於淵。賞罰者，邦之利器也；在君則制臣，在臣則勝君。君見賞，臣則損之以爲德；君見罰，臣則益之以爲威。人君見賞而人臣用其勢；人君見罰而人臣乘其威。故曰邦之利器，不可以示人。

（韓非子上六微篇）勢重者，人主之淵也；臣者，勢重之魚也。魚失於淵而不可復得也；人主失其勢重於臣而不可復收也。古之人難正言，故託之於魚。賞罰者，利器也。君操之以制臣，臣得之以擁主。故君先見所賞，則臣鬻之以爲德；君先見所罰，則臣鬻之以爲威。故曰國之利器，不可以示人。

（淮南子道應訓）昔者司城子罕相宋，謂宋君曰：

夫國家之安危，百姓之治亂，在君行賞罰。夫爵賞賜予，民之所好也；君自行之。殺戮刑罰，民之所怨也；臣請當之。宋君曰：善。寡人當其美，子受其怨。寡人自知不為諸侯笑矣。國人皆知殺戮之專制在子罕也，大臣親之，百姓畏之，居不至期年，子罕遂劫宋君而專其政。故老子曰：魚不可脫於淵；國之利器，不可以示人。（韓詩外傳七、說苑君道篇文略同。）

（後漢書翟酺傳）今外戚寵幸，功均造化，漢元以來，未有等比。陛下誠仁恩周洽，以親九族；然祿去公室，政移私門，覆車重尋，寧無摧折？而朝臣在位，莫肯正議，翕翕訿訿，更相佐附。臣恐威權外假，歸之良難；虎翼一奮，卒不可制。故孔子曰：吐珠於澤，誰能不含？老子稱國之利器不可以示人，此最安危之極戒，社稷之深計也。樹達按：酺傳云：酺好老子。

（蜀志許靖傳注引益州耆舊傳）初，韓遂與馬騰作亂關中，數與璋父焉交通信至；騰子超復與璋相聞，有連蜀之意。王商謂璋曰：超勇而不仁，見得不思義，不可以爲脣齒。老子曰：國之利器不可以示人。今之益部，士美民豐，寶物所出，斯乃狡夫所欲傾覆，超等所以西望也。若引而近之，則由養虎，將自遺患矣。

三十七章

道常無爲而無不爲．

（文子上仁篇）夫道退，故能先；守柔弱，故能矜；自卑下，故能高人；自損弊，故實堅；自虧缺，故盛全；處濁辱，故新鮮；見不足，故能賢。道無爲而無不爲也．

侯王若能守之，萬物將自化．化而欲作，吾將鎮之以無名之樸．

（淮南子道應訓）武王問太公曰：寡人伐紂天下，是臣殺其主而下伐其上也．吾恐後世之用兵不休，鬬爭不已，爲之柰何？太公曰：甚善！王之問也．夫未得獸者，唯恐其創之小也；已得之，唯恐傷肉之多也．王若欲久持之，則塞民於兌，道令爲無用之事，煩擾之教。彼皆樂其業，供其情，昭昭而道冥冥，於是乃去其瞀而載之木；解其劍而帶之笏；爲三年之喪，令類不蕃；高辭卑讓，使民不爭。酒肉以通之，竽瑟以娛之；鬼神以畏之；繁文滋禮以弇其質；厚葬久喪以亶其家；含珠鱗，施綸組，以貧其財；深鑿高壟以盡其力。家貧族少，慮患者貧；以此移風，可以持天下弗失。故老子曰：化而欲作，吾將鎭之以無名之樸也。

無名之樸，夫亦將無欲；不欲以靜，天下將自定。

老子古義卷上竟

增補老子古義

附漢代老學者攷

中冊

老子古義卷中

長沙 楊樹達 遇夫 譔集

三十八章

上德不德，是以有德；下德不失德，是以無德。

〔韓非子解老篇〕德者，內也；得者，外也。上德不德，言其神不淫於外也。神不淫於外，則身全；身全之謂德。德者，得身也。凡德者，以無爲集，以無欲成，以不思安，以不用固。爲之欲之，則德無舍；德無舍則不全。用之思之則不固；不固則無功；無功則生有德。德則無德，不德則有德。故曰：上德不德，是以有德。

（新語思務篇）君子行之於幽閑，小人厲之於士衆。老子曰：上德不德，□□□□□□虛也。按新語原書缺六字，上四字當是是以有德四字。

（文子上德篇）天覆萬物，施其德而養之，與而不取，故精神歸焉。與而不取者，上德也；是以有德。地載萬物而長之，與而取之，故骨骸歸焉。與而取者，下德也。下德不失德，是以無德。

（史記酷吏傳）孔子曰：導之以政，齊之以刑，民免而無恥；導之以德，齊之以禮，有恥且格。老氏稱上德不德，是以有德；下德不失德，是以無德；法令滋章，盜賊多有。太史公曰：信哉！是言也！法令者，治之具，而非制治清濁之源也。昔天下之網嘗密矣！然姦僞萌起；其極也，上下相遁，至於不振。當是之時，吏治若救火揚沸。非武健嚴酷，惡能勝其任而愉快乎？言道德者，溺其職矣。故曰：聽訟吾猶人也，必也使無訟乎！下士聞道大笑之，非虛言也。

（史記日者傳）司馬季主曰：且夫卜筮者，掃除設坐，正其冠帶，然後乃言事：此有禮也。言而鬼神或以饗，忠臣以事其上，孝子以養其親，慈父以畜其子：此有德者也。而以義置數十百錢，病者或以愈，且死或以生，患或以免，事或以成，嫁子娶婦，或以養生。此之爲德，豈直數十百錢哉？此夫老子所謂上德不德，是以有德。今夫卜筮者，利大而謝少，老子之云，豈異於是乎？

（孔叢子雜訓篇）縣子問子思曰：吾聞同聲者相好，子之先君子產時則兄事之；而世謂子產仁愛，稱夫子聖人：是謂聖道事仁愛乎？吾未諭其人之孰先後也，故質於子。子思曰：然，子之問也。昔季孫問子游，亦若子之言也。子游答曰：以子產之仁愛譬夫子，其猶浸水之與膏雨乎！康子曰：子產死，鄭人丈夫舍玦珮，婦女舍珠瑱，巷哭三月，竽瑟不作。夫子之死也，吾未聞魯人之若是也，奚故哉？子游曰：夫浸水之所及也，則生；其所不及，則死，故民皆知焉。膏雨之所生也，廣莫大焉；民之受賜也普矣，莫識其由來者。上德不德，是以無德。季孫曰：善。縣子曰：其然。

（牟子理惑論）老子云：上德不德，是以有德；下德不失德，是以無德。三皇之時，食肉衣皮，巢居穴處，以崇質朴，豈復須章黼之冠，曲裘之飾哉！然其人稱有德，而孰疣之？

上德，無爲而無以爲；

（韓非子解老篇）所以貴無爲無思爲虛者，謂其意無所制也。夫無術者，故以無爲無思爲虛也。夫故以無爲無思爲虛者，其意常不忘虛，是制於爲虛也。虛者，謂其意無所制也。今制於爲虛，是不虛也。虛者之無爲也，不以無爲爲有常。不以無爲爲有常，則虛；虛則德盛；德盛之謂上德。故曰：上德無爲而無不爲也。

下德，爲之而有以爲；

上仁，爲之而無以爲；

（韓非子解老篇）仁者，謂其中心欣然愛人也。其喜人之有福而惡人之有禍也，生心之所不能已也；非求其報也。故曰：上仁，爲之而無以爲也。

上義，爲之而有以爲；

（韓非子解老篇）義者，君臣上下之事，父子貴賤之差也，知交朋友之接也，親疏內外之分也。臣事君宜，下懷上宜，子事父宜，賤敬貴宜，知交友朋之相助也宜，親者內而疏者外宜。義者，謂其宜也，宜而爲之，故曰：上義爲之而有以爲也。

上禮，爲之而莫之應，則攘臂而扔之。

〔韓非子解老篇〕禮者，所以貌情也，羣義之文章也，君臣父子之交也，貴賤賢不肖之所以別也。中心懷而不諭，故疾趨卑拜以明之；實心愛而不知，故好言繁辭以信之。禮者，外貌之所以諭內也。故曰：禮以貌情也。凡人之爲外物動也，不知其爲身之禮也；衆人之爲禮也，以尊他人也；故時勸時衰。君子之爲禮，以爲其身；以爲其身，故神之爲上禮。上禮神而衆人貳，故不能相應。不能相應，故曰：上禮，爲之而莫之應。衆人雖貳，聖人之復恭敬盡手足之禮也不衰，故曰：攘臂而仍之。

故失道而後德，失德而後仁，失仁而後義，失義而後禮。

（莊子知北遊篇）道不可致，德不可至；仁可爲也，義可虧也，禮相僞也；故曰：失道而後德，失德而後仁，失仁而後義，失義而後禮；禮者，道之華而亂之首也。故曰：爲道者日損，損之又損之，以至於無爲，無爲而無不爲也。今已爲物也，欲復歸根，不亦難乎？其易也，其唯大人乎！

〔韓非子解老篇〕道有積而積有功；德者，道之功。功有實而實有光；仁者，德之光。光有澤而澤有事；義者，仁之事也。事有禮而禮有文；禮者，義之文也。故曰：失道而後德，失德而後仁，失仁而後義，失義而後禮。

夫禮者，忠信之薄，而亂之首；

〔韓非子解老篇〕禮爲情貌者也；文爲質飾者也。夫君子取情而去貌，好質而惡飾。夫恃貌而論情者，其情惡也；須飾而論質者，其質衰也。何以論之？和氏之璧，不飾以五采；隋侯之珠，不飾以銀黃。其質至美，物不足以飾之。夫物之待飾而後行者，其質不美也。是以父子之間，其禮樸而不明，故曰：禮薄也。凡物不並盛，陰陽是也；理相奪予，威德是也。實厚者貌薄，父子之禮是也。由是觀之，禮繁者，實心衰也。然則爲禮者，事通人之樸心者也。衆人之爲禮也，人應則輕歡，不應則責怨。今爲禮者事通人之樸心，而資之以相責之分，能毋爭乎？有爭則亂。故曰：夫禮者，忠信之薄也，而亂之首乎！

前識者，道之華而愚之始。

〔韓非子解老篇〕先物行先理動之謂前識。前識者，無緣而忘意度也。何以論之？詹何坐，弟子侍；有牛鳴於門外，弟子曰：是黑牛也，而白在其題。詹何曰：然。是黑牛也，而白在其角。使人視之，果黑牛而以布裹其角。以詹子之術，嬰眾人之心，華焉殆矣。故曰：道之華也。嘗試釋詹子之察，而使五尺之愚童子視之，亦知其黑牛而以布裹其角也。故以詹子之察，苦心傷神，而後與五尺之愚童子同功，是以曰愚之首也。故曰：前識者，道之華也，而愚之首也。

是以大丈夫處其厚不居其薄，處其實不居其華，故去彼取此。

〔韓非子解老篇〕所謂大丈夫者，謂其智之大也。

所謂處其厚不處其薄者，行情實而去禮貌也。所謂處其實不處其華者，必緣理，不徑絕也。所謂去彼取此者，去禮貌徑絕而取緣理好情實也。故曰：去彼取此。

（潛夫論釋難篇）耕種，生之本也；學問，業之末也。老聃有言：大丈夫處其實不居其華。

（後漢書朱穆傳）穆作崇厚論云：故夫天不崇大，則覆幬不廣；地不深厚，則載物不博；人不敦龐，則道數不遠。昔在仲尼不失舊於原壤，楚嚴不忍章於絕纓，由此觀之，聖賢之德敦矣。老氏之經曰：大丈夫處其厚不處其薄，居其實不居其華，故去彼取此。

（文子上仁篇）文子問仁義禮何以爲薄于道德也？老子曰：爲仁者必以哀樂論之，爲義者必以取與明之。四海之內，哀樂不能徧；竭府庫之財貨，不足以贍萬民；故知不如修道而行德。因天地之性，萬物自正而天下贍，仁義因附。是以大丈夫居其厚不居其薄。

三十九章

昔之得一者：天得一以清，地得一以寧，神得一以靈，谷得一以盈，萬物得一以生，侯王得一以爲天下貞。其致之，天無以清，將恐裂；地無以寧，將恐發；神無以靈，將恐歇；谷無以盈，將恐竭；萬物無以生，將恐滅；侯王無以貴，高將恐蹶。故貴以賤爲本，高以下爲基；是以侯王自謂孤寡不穀。此非以賤爲本邪？非乎？

（戰國策齊策四）顏斶曰：是以堯有九佐，舜有七友，禹有五丞，湯有三輔，自古及今而能虛成名於天下者無有。是以君王無羞亟問，不媿下學；是故成其道德而揚功名於後世者，堯舜禹湯周文王是也。故曰：無形者，形之君也；無端者，事之本也。夫上見其原，下通其流，至聖人明學，何不吉之有哉！

老子曰：雖貴必以賤爲本，雖高必以下爲基；是以侯王稱孤寡不穀，是其賤之本歟！非夫？孤寡者，人之困賤下位也；而侯王以自謂，豈非下人而尊貴士歟？

（淮南子道應訓）狐邱丈人謂孫叔敖曰：人有三怨，子知之乎？孫叔敖曰：何謂也？對曰：爵高者，士妬之；官大者，主惡之；祿厚者，怨處之。孫叔敖曰：吾爵益高，吾志益下；吾官益大，吾心益小；吾祿益厚，吾施益博。以是免三怨，可乎？故老子曰：貴必以賤爲本，高必以下爲基。文子符言篇文略同，作老子語。

（淮南子原道訓）故得道者志弱而事強，心虛而應當。所謂志弱而事強者，柔毳安靜，藏于不敢行于不能恬然無慮；動不失時；與萬物回周旋轉，不爲先唱，感而應之。是故貴者必以賤爲號，而高者必以下爲基。（文子道原篇文略同。）

（文子道原篇）夫道，有無相生也，難易相成也。是以聖人執道，虛靜微妙，以成其德。故有道卽有德，有德卽有功，有功卽有名，有名卽復歸於道。功名長久，終身無咎。王公有功名，孤寡無功名。故曰：聖人自謂孤寡。

故致數輿無輿。

（淮南子道應訓）文見廿八章故大制不割條下。

不欲琭琭如玉，珞珞如石。

（文子符言篇）老子曰：無爲名尸，無爲謀府，無爲事任，無爲智主，藏于無形，行于無息，不爲福先，不爲禍始，始于無形，動于不得已，欲福，先無禍；欲利，先遠害。故求爲寧者，失其所寧，即危；求爲治者，失其所治，則亂；故不欲碌碌如玉，落落如石。

四十章

反者，道之動；弱者，道之用。

（文子道原篇）柔弱者，道之用也；反者，道之常也。柔者，道之剛也；弱者，道之強也。

天下萬物生於有，有生於無。

（淮南子原道訓）無形而有形生焉；無聲而五音

嗚焉；無味而五味形焉，無色而五色成焉。是故有生于無，實出於虛。（文子道原篇文同。）

四十一章

上士聞道，勤而行之；中士聞道，若存若亡；下士聞道，大笑之。

【史記老莊傳】文見前三十八章上德不德下。

【牟子理惑論】夫陳俎豆於壘門，建旌旗於朝堂，衣狐裘以當蕤賓，被絺綌以御黃鍾，非不麗也，乖其處，非其時也。故持孔子之術，入商鞅之門，齎孟軻之説，詣蘇張之庭，功無分寸，過有丈尺矣。老子曰：上士聞道，勤而行之；中士聞道，若存若亡；下士聞道，大而笑之。樹達按此引老子大下有而字，足證今本之誤。不笑，不足以爲道。故建言有之：明道若昧；進道若退；夷道若纇；上德若谷；

大白若辱；廣德若不足；

（莊子寓言篇）陽子居南之沛，老聃西遊於秦，邀於郊，至於梁而遇老子。老子中道仰天而歎，曰：始以汝爲可教，今不可也。陽子居不答。至舍，進盥漱巾櫛，脫屨戶外，膝行而前，曰：向者弟子欲請夫子，夫子行不閒，是以不敢。今閒矣，請問其過。老子曰：而睢睢盱盱，而誰與居？大白若辱，盛德若不足。陽子居蹴然變容，曰：敬聞命矣！其往也，舍者迎將其家，公執席，妻執巾櫛；舍者避席，煬者避竈，其反也，舍者與之爭席矣。（列子黃帝篇文大同。）

（淮南子說林訓）的的者獲，提提者射，故大白若辱，大德若不足。（文子上德篇文略同。）

建德若偷；質真若渝。大方無隅；

大器晚成；大音希聲；

（韓非子喻老篇）楚莊王莅政三年，無令發，無政爲也。右司馬御座而與王隱，曰：有鳥止南方之阜，三年不翅，不飛不鳴，嘿然無聲，此爲何名？王曰：三年不翅，將以長羽翼；不飛不鳴，將以觀民。則雖無飛，飛必沖天；雖無鳴，鳴必驚人。子釋之，不穀知之矣。處半年，乃自聽政。所廢者十，所起者九，誅大臣五，舉處士六，而邦大治。舉兵誅齊，敗之徐州；勝晉於河雍；合諸侯於宋，遂霸天下。莊王不爲小害，故有大名；不蚤見示，故有大功。故曰：大器晚成，大音希聲。

（呂氏春秋先識覽樂成篇）大智不形，大器晚成，大音希聲。禹之決江水也，民聚瓦礫；事已成，功已立，爲萬世利；禹之所見者遠也，而民莫之知。故民不可與慮化舉始，而可以樂成功。孔子始用於魯，魯人鷖誦之曰：麛裘而韠，投之無戾；韠而麛裘，投之無郵。用三年，男子行乎塗右，女子行乎塗左，財物之遺者，民莫之舉。大智之用，固難踰也。子產始治鄭，使田有封洫，都鄙有服。民相與誦之曰：我有田疇，而子產賦之；我有衣冠，而子產貯之。孰殺子產，吾其與之。後三年，民又誦之曰：我有田疇，而子產殖之；我有子弟，而子產誨之。子產若死，其使誰嗣之？使鄭簡、魯哀當民之誹訾也，而因弗遂用，則國必無功矣；子產、孔子必無能矣。

（後漢書郎顗傳）顗上書云：瓊入朝日淺，謀謨未就，因以喪病，致命遂志。老子曰：大音希聲，大器晚成；善人爲國，三年乃立。天下莫不嘉朝廷有此良人，而復怪其不時還任。

〔魏志崔琰傳〕琰從弟林，少無名望，雖姻族猶多輕之，而琰常曰：此所謂大器晚成者也；終必遠至。

大象無形。道隱無名，夫唯道善貸且成。

四十二章

道生一，一生二，二生三，三生萬物。萬物負陰而抱陽，冲氣以爲和。

〔淮南子精神訓〕夫精神者，所受於天也；而形體者，所稟於地也。故曰：一生二，二生三，三生萬物，萬物背陰而抱陽，冲氣以爲和。故曰：一月而膏，二月而胅，三月而胎，四月而肌，五月而筋，六月而骨，七月而成，八月而動，九月而躁，十月而生。形體以成，五藏乃形。（文子十守篇文略同。）

（淮南子天文訓）道始於一，一而不生，故分而爲陰陽，陰陽合和而萬物生，故曰：一生二，二生三，三生萬物。天地三月而爲一時，故祭祀三飯以爲禮，喪紀三踊以爲節，兵重三罕以爲制。

（文子上德篇）萬物負陰而抱陽，沖氣以爲和，和居中央，是以木實生于心，草實生于莢，卵胎生于中央，不卵不胎，生而須時。

人之所惡，唯孤寡不穀，而王公以爲稱。

故物，或損之而益，或益之而損。

（淮南子人間訓）故物或損之而益，或益之而損。

何以知其然也？昔者楚莊王既勝晉於河雍之間，歸而封孫叔敖，辭而不受。病且死，謂其子曰：吾則死矣，王必封女。女必讓肥饒之地，而受沙石之地。楚越之間有寢之邱者，其地确而名醜；荆人鬼，越人禨，人莫之利也。孫叔敖死，王果封其子以肥饒之地。其子辭而不受，請有寢之邱。楚國之俗，功臣二世而爵祿；惟孫叔敖獨存：此所謂損之而益也。

何謂益之而損？昔晉厲公南伐楚，東伐齊，西伐秦，北伐燕，兵横行天下而無所綣；威服四方而無所詘，遂合諸侯於嘉陵，氣充志驕，淫佚無度，暴虐萬民。內無輔拂之臣，外無諸侯之助；戮殺大臣，親近導諛。明年，出遊匠驪氏，欒書中行偃劫而幽之；諸侯莫之救，百姓莫之哀，三月而死。夫戰勝攻取，地廣而名尊，此天下之所願也，然而終於身死國亡，此所謂益之而損者也。夫孫叔敖之請有寢之邱，沙石之地，所以累世不奪也；晉厲公之合諸侯於嘉陵，所以身死於匠驪氏也。

（文子符言篇）老子曰：道者，守其所已有，不求其所未得。求其所未得，卽所有者亡；循其所已有，卽所欲者至。治未固于不亂，而事爲治者必危；行未免于無非，而急求名者必挫。故福莫大于無禍，利莫大于不喪。故物或益之而損，損之而益。

珍倣宋版印

〔文子符言篇〕老子曰：德少而寵多者譏，才下而位高者危，無大功而有厚祿者微。故物或益之而損，或損之而益。

人之所教，我亦教之。强梁者不得其死，吾將以爲教父。

四十三章

天下之至柔，馳騁天下之至堅，無有入無閒；吾是以知無爲之有益。

〔淮南子原道訓〕天下之物，莫柔弱於水，然而大不可極，深不可測，修極於無窮，遠淪於無涯，息耗減益，通於不訾；上天則爲雨露，下地則爲潤澤；萬物弗得不生，百事不得不成；大包羣生而無好憎，澤及蚑蟯而不求報，富贍天下而不既，德施百姓而不費；行而不可得窮極也，微而不可得把握也；擊之無創，刺之不傷，斬之不斷，焚之不然，淖溺流遁，錯繆相紛而不可靡散；利貫金石，強濟天下，動溶無形之域，而翺翔忽區之下；邅回川谷之間，而滔騰大荒之野；有餘不足，與天地取與，授萬物而無所前後；是故無所私而無所公，靡濫振蕩，與天地鴻洞；無所左而無所右，蟠委錯紾，與萬物始終：是謂至德。夫水所以能成其至德於天下者，以其淖溺潤滑也。故老聃之言曰：天下至柔，馳騁天下之至堅;出於無有,入於無間;吾是以知無爲之有益.文子道原篇文略同.

(淮南子道應訓)罔兩問於景曰:昭昭者,神明也?景曰:非也.罔兩曰:子何以知之?景曰:扶桑受謝,日照宇宙;昭昭之光,輝燭四海.闔戶塞牖,則無由入矣.若神明,四通並流,無所不及;上際於天,下蟠於地,化育萬物而不可爲象,俛仰之間而撫四海之外.昭昭何足以明之!故老子曰:天下之至柔,馳騁天下之至堅.光耀問於無有曰:子果有乎?其果無有乎?無有弗應也.光耀不得問而熟視其狀貌,冥然忽然,視之不見其形,聽之不聞其聲,搏之不可得，望之不可極也。光耀曰：貴矣哉！孰能至于此乎！予能有無矣，未能無無也。及其爲無無，又何從至於此哉！故老子曰：無有入于無間，吾是以知無爲之有益也。

（文子自然篇）天地之道，無爲而備，無求而得。是以知其無爲而有益也。

（說苑敬慎篇）韓平子問於叔向曰：剛與柔孰堅？對曰：臣年八十矣，齒再墮而舌尚存。老聃有言曰：天下之至柔，馳騁乎天下之至堅。又曰：人之生也柔弱，其死也剛强；萬物草木之生也柔脆，其死也枯槁。因此觀之，柔弱者，生之徒也；剛强者，死之徒也。夫生者毀而必復，死者破而愈亡；吾是以知柔之堅於剛也。平子曰：善哉！然則子之行何從？叔向曰：臣亦柔耳！何以剛爲？平子曰：柔無乃脆乎？叔向曰：柔者，紐而不折，廉而不缺；何爲脆也？天之道，微者勝；是以兩軍相加而柔者克之，兩仇爭利而弱者得焉。樹達按漢書藝文志有劉向說老子四篇。

不言之教，無爲之益，天下希及之。

（文子精誠篇）聖人在上，懷道而不言，澤及萬民。故不言之教，芒乎大哉。

四十四章

名與身孰親？身與貨孰多？得與亡孰病？是故甚

愛必大費，多藏必厚亡．知足不辱，知止不殆，可以長久．

（韓非子六反篇）老聃有言曰：知足不辱，知止不殆．夫以殆辱之故而不求於足之外者，老聃也．今以爲足民而可以治，是以民爲皆如老聃也．故桀貴在天子而不足於尊，富有四海之內而不足於寶，君人者雖足民，不能足使爲天子，而桀未必以天子爲足也，則雖足民，何可以爲治也？

（韓詩外傳九）賢士不以恥食，不以辱得．老子曰：名與身孰親？身與貨孰多？得與亡孰病？是故甚愛必大費，多藏必厚亡．知足不辱，知止不殆，可以長久；大成若缺，其用不敝；大盈若沖，其用不窮；大直若詘，大辯若訥，大巧若拙，其用不屈。罪莫大於多欲，禍莫大於不知足，故知足之足常足矣。

（淮南子道應訓）文見前七章是以聖人後其身而身先條下。

（淮南子人間訓）昔者智伯驕，伐范中行而克之；又刼韓魏之君而割其地，尚以爲未足，遂興兵伐趙。韓魏反之，軍敗晉陽之下，身死高梁之東，頭爲飲器，國分爲三，爲天下笑。此不知足之禍也。老子曰：知足不辱，知止不殆，可以修久。此之謂也。樹達按：淮南王安，厲王長之子，故諱長曰修，非是異文。

〔漢書疏廣傳〕廣謂受曰：吾聞知足不辱，知止不殆，功遂身退，天之道也。今仕宦至二千石，宦成名立，如此不去，懼有後悔。豈如父子相隨出關，歸老故鄉，以壽命終，不亦善乎？

〔後漢書張霸傳〕霸曰：蓋日中則移，月滿則虧，老氏有言，知足不辱。

〔後漢書方術廖扶傳〕扶感父以法喪身，憚為吏。及服終而歎曰：老子有言，名與身孰親？吾豈為名乎！遂絕志世外，專精經典。

〔後漢書方術折像傳〕國生像。國有貲財二億，家僮八百人。及國卒，感多藏厚亡之義，乃散金帛資產周施親疏。或諫像曰：君三男兩女，孫息盈前，當增益產業，何爲坐自殫竭乎？像曰：昔闞子文有言：我乃逃禍，非避富也。吾門戶殖財日久，盈滿之家，道家所忌。今世將衰，子又不才，不仁而富，謂之不幸；牆隙而高，其崩必疾也。智者聞之，咸服焉。樹達按：本傳云：像好黄老言。

（牟子理惑論）夫長左者必短右，大前者必狹後。公綽爲趙魏老則優，不可以爲滕薛大夫。妻子財物，世之餘也；清躬無爲，道之妙也。老子曰：名與身孰親？身與貨孰多？

（魏志程昱傳）是後中夏漸平，太祖拊昱背曰：兗州之敗，不用君言，吾何以至此！宗人奉牛酒大會，昱曰：知足不辱，吾可以退矣。乃自表歸兵，闔門不出。

四十五章

大成若缺，其用不弊；大盈若沖，其用不窮。大直若屈，大巧若拙，大辯若訥。

〔莊子胠篋篇〕彼聖人者，天下之利器也，非所以明天下也。故絕聖棄知，大盜乃止；擿玉毀珠，小盜不起；焚符破璽，而民朴鄙；掊斗折衡，而民不爭；殫殘天下之聖法，而民始可與論議；擢亂六律，鑠絕竽瑟，塞瞽曠之耳，而天下始人含其聰矣；滅文章，散五采，膠離朱之目，而天下始人含其明矣；毀絕鉤繩而棄規矩，攦工倕之指，而天下始人有其巧矣。故曰：大巧若拙。

〔淮南子道應訓〕秦穆公謂伯樂曰：子之年長矣；子姓有可使求馬者乎？對曰：良馬者，可以形容筋骨相也，相天下之馬者，若滅若失，若亡其一。若此馬者，絕塵弭轍。臣之子，皆下材也；可告以良馬，而不可告以天下之馬。臣有所與供儋纆采薪者九方堙，此其於馬，非臣之下也。請見之。穆公見之，使之求馬。三月而反，報曰：已得馬矣；在於沙邱。穆公曰：何馬也？對曰：牡而黃。使人往取之，牝而驪。穆公不說，召伯樂而問之，曰：敗矣！子之所使求馬者，毛物牝牡弗能知，又何馬之能知？伯樂喟然大息曰：一至此乎！是乃其所以千萬臣而無數者也！若堙之所觀者，天機也。得其精而忘其粗，在其內而忘其外；見其所見而不見其所不見；視其所視，而遺其所不視。若彼之所相者，乃有貴乎馬者。馬至而果千里之馬。故老子曰：大直若屈，大巧若拙。

〔韓詩外傳九〕見前章。

〔史記劉敬叔孫通傳贊〕叔孫通希世度務制禮，進退與時變化，卒爲漢家儒宗。大直若詘，道固委蛇，蓋謂是乎！

（後漢書荀爽傳論）出處，君子之大致也。平運則弘道以求志，陵夷則濡跡以匡時。荀公之急急自勵，其濡跡乎！不然，何爲違貞而履虎尾焉？觀其遜言遷都之議，以救楊黃之禍，及後潛圖董氏，幾振國命，所謂大直若屈，道固逶迤也。

（牟子理惑論）見前九章功遂身退天之道下。

躁勝寒，靜勝熱，清靜爲天下正。

（呂氏春秋審分覽君守篇）得道者必靜，靜者無知。知乃無知，可以言君道也。故曰：中欲不出謂之扃，外欲不入謂之閉。既扃而又閉，天之用密；有準不以平，有繩不以正，天之大靜。既靜而又寧，可以爲天下正。

四十六章

天下有道，卻走馬以糞；

〔韓非子解老篇〕有道之君，外無怨讎於鄰敵，而內有德澤於人民。夫外無怨讎於鄰敵者，其遇諸侯也有禮義；內有德澤於人民者，其治民事也務本。遇諸侯有禮義，則役希起；治民事務本，則淫奢止。凡馬之所以大用者，外供甲兵而內給淫奢也。今有道之君，外希用甲兵而內禁淫奢；上不事馬於戰鬬逐北，而民不以馬遠通淫物；所積力唯田疇。積力唯田疇，必且糞灌。故曰：天下有道，卻走馬以糞也.

(韓非子喻老篇)天下有道,無急患,則日靜;遽傳不用.故曰:卻走馬以糞.

(淮南子覽冥訓)故召遠者使無爲焉,親近者使無事焉,惟夜行者爲能有之,故却走馬以糞.(文子精誠篇同.)

天下無道,戎馬生於郊.

(韓非子解老篇)人君者無道,則內暴虐其民,而外侵欺其鄰國.內暴虐則民產絕,外侵欺則兵數起.民產絕則畜生少,兵數起則士卒盡.畜生少則戎馬乏,士卒盡則軍危.戎馬乏則牸馬出,軍危殆則近臣役.馬者,軍之大用;郊者,言其近也.今所以給軍之具於牸馬近臣。故曰：天下無道，戎馬生於郊矣。

（韓非子喻老篇）天下無道，攻擊不休，相守數年不已；甲冑生蟣蝨，燕雀處帷幄，而兵不歸。故曰：戎馬生於郊。

罪莫大於可欲；

（韓非子解老篇）人有欲則計會亂，計會亂而有欲甚，有欲甚則邪心勝，邪心勝則事經絕，事經絕則禍難生。由是觀之，禍難生於邪心，邪心誘於可欲。可欲之類，進則教良民爲姦；退則令善人有禍。姦起則上侵弱君，禍至則民人多傷。然則可欲之類，上侵弱君而下傷人民。夫上侵弱君而下傷人民者，大罪也。故曰：罪莫大於可欲。

（韓非子喻老篇）翟人有獻豐狐玄豹之皮於晉文公。文公受客皮而歎曰：此以皮之美自爲罪！夫治國者以名號爲罪，徐偃王是也；以城與地爲罪，虞虢是也。故曰：罪莫大於可欲。

（韓詩外傳九）見前章。

禍莫大於不知足；

（韓非子解老篇）是以聖人不引五色，不淫於聲樂；明君賤玩好而去淫麗。人無毛羽，不衣則不犯寒；上不屬天而下不著地，以腸胃爲根本，不食則不能活。是以不免於欲利之心。欲利之心不除，其身之憂也。故聖人衣足以犯寒，食足以充虛，則不憂矣。衆人則不然。大爲諸侯，小餘千金之資，其欲得之憂不除也。胥靡有免，死罪時活。今不知足者之憂終身不解。故曰：禍莫大於不知足。

（韓非子喻老篇）智伯兼范中行而攻趙不已，韓魏反之；軍敗晉陽，身死高梁之東，遂卒被分，漆其首以爲溲器。故曰：禍莫大於不知足。

（韓詩外傳九）見前章。

咎莫大於欲得。

（韓非子解老篇）故欲利甚於憂，憂則疾生，疾生而智慧衰，智慧衰則失度量，失度量則妄舉動，妄舉動則禍害至，禍害至而疾嬰內，疾嬰內則痛，禍薄外則苦，苦痛雜於腸胃之間，則傷人也憯；憯則退而自咎，退而自咎也，生於欲利。故曰：咎莫憯於欲利。

（韓非子喻老篇）虞君欲屈產之乘與垂棘之璧，不聽宮之奇，故邦亡身死。故曰：咎莫憯於欲得。

故知足之足常足矣。

（韓非子喻老篇）邦以存爲常，霸王其可也；身以生爲常，富貴其可也。不欲自害，則邦不亡，身不死。故曰：知足之爲足矣。

〔韓詩外傳九〕見前章

四十七章

不出戶，知天下；不闚牖，見天道。其出彌遠，其知彌少。

〔韓非子喻老篇〕空竅者，神明之戶牖也。耳目竭於聲色，精神竭於外貌，故中無主。中無主，則禍福雖如丘山，無從識之。故曰：不出於戶，可以知天下；不闚於牖，可以知天道：此言神明之不離其實也。

〔韓非子喻老篇〕白公勝慮亂，罷朝，倒杖而策銳貫頤，血流至於地而不知。鄭人聞之，曰：頤之忘，將何不忘哉？故曰：其出彌遠者，其智彌少：此言智周乎遠，則所遺在近也。淮南子道應訓文略同。

〔呂氏春秋審分覽君守篇〕身以盛心，心以盛智。智乎！流藏而實莫得窺乎！鴻範曰：惟天陰騭下民。陰之者，所以發之也。故曰：不出於戶而知天下，不窺於牖而知天道。其出彌遠者，其知彌少。故博聞之人，彊識之士，闕矣；事耳目，深思慮之務，敗矣；堅白之察，無厚之辯，外矣。不出者，所以出之也；不爲者，所以爲之也。此之謂以陽召陽，以陰召陰。

〔淮南子精神訓〕夫孔竅者，精神之戶牖也；而氣志者，五藏之使候也。耳目淫於聲色之樂，則五藏搖動而不定矣；五藏搖動而不定，則血氣滔蕩而不休矣；血氣滔蕩而不休，則精神馳騁於外而不守矣；精神馳騁於外而不守，則禍福之至，雖如邱山，無由識之矣。使耳目精明玄達而無誘慕，氣志虛靜恬愉而省嗜欲，五藏定寧充盈而不泄，精神內守形骸而不外越，則望於往世之前，而視於來事之後，猶未足為也，豈直禍福之間哉！故曰：其出彌遠者，其知彌少；以言夫精神之不可使外淫也。

文子十守篇文大同。

（淮南子主術訓）人主深居隱處以避燥溼，閨門重襲以避姦賊。內不知閭里之情，外不知山澤之形。帷幕之外，目不能見十里之前，耳不能聞百步之外，天下之物無不通者，其灌輸之者大，而斟酌之者衆也。是故不出戶而知天下，不窺牖而知天道。乘衆人之智，則天下之不足有也；專用其心，則獨身不能保也。是故人主覆之以德，不行其智，而因萬人之所利。夫舉踵天下而得所利，故百姓載之上弗重也，錯之前弗害也；舉之而弗高也，推之而弗猒。

〔文子精誠篇〕精神越于外，智慮蕩于內者，不能治形。神之所用者遠，而所遺者近。故不出于戶以知天下，不窺于牖以知天道；其出彌遠，其知彌少。此言精誠發于內，神氣動于天也。此文本淮南子道應訓，彼文與前引韓非喻老文大同，故未錄。

（文子下德篇）夫人君不出戶以知天下者，因物以識物，因人以知人也。故積力之所舉，即無不勝也；衆智之所爲，即無不成也。千人之衆無絕糧，萬人之羣無廢功。

是以聖人不行而知，不見而名，不爲而成。

（韓非子喻老篇）是以聖人無常行也：能並智，故曰：不行而知；能並視，故曰不見而明；隨時以舉事，因資而立功，用萬物之能而獲利其上，故曰：不爲而成。

四十八章

爲學日益，爲道日損；

（莊子知北遊篇）見三十八章故失道而後德條下。

（後漢書范升傳）升上奏曰：孔子曰：博學約之，弗叛矣夫。夫學而不約，必叛道也。顏淵曰：博我以文，約我以禮。孔子可謂知教，顏可謂善學矣。老子曰：學道日損，損猶約也。（樹達按：升傳云：升習老子。）

損之又損，以至於無爲；

（牟子理惑論）辟穀之法數千百術，行之無效，爲之無徵，故廢之耳。觀吾所從學師三人，或自稱七百，五百，三百歲。然吾從其學，未三歲間，各自殞沒。

所以然者：蓋由絶穀不食而啖百果，享肉則重盤，
飲酒則傾罇，精亂神昏，穀氣不充，耳目昏迷，婬邪
不禁。吾問其故何，答曰：老子曰：損之又損，以至於
無爲，徒當日損耳。然吾觀之，但日益而不損也；是
以各不至知命而死矣。

無爲而無不爲。

（淮南子原道訓）是故聖人內修其本而不外飾
其末，保其精神，偃其知故，漠然無爲而無不爲也。
所謂無爲者，不先物爲也；所謂無不爲者，因物之
所爲。（文子道原篇文略同。）

取天下常以無事；及其有事，不足以取天下。

（文子自然篇）古之善爲君者法江海．江海無爲以成其大，窊下以成其廣；故能長久爲天下谿谷，其德乃足．無爲，故能取百川．不求，故能得；不行，故能至．是以取天下而無事．

四十九章

聖人無常心，以百姓心爲心．善者，吾善之；不善者吾亦善之；德善．信者，吾信之；不信者，吾亦信之；德信．聖人在天下歙歙，爲天下渾其心，聖人皆孩之．

五十章

出生入死；生之徒十有三，死之徒十有三．

（韓非子解老篇）人始於生而卒於死，始之謂出，卒之謂入，故曰：出生入死。人之身三百六十節，四肢，九竅，其大具也。四肢與九竅十有三者，十有三者之動靜，盡屬於生焉，屬之謂徒也，故曰：生之徒也十有三者。至其死也，十有三具者皆還而屬之於死；死之徒亦十有三。故曰：生之徒十有三，死之徒十有三。

人之生動之死地，亦十有三。

（韓非子解老篇）凡民之生生，而生者固動，動盡則損也。而動不止，是損而不止也。損而不止則生盡；生盡之謂死，則十有三具者，皆爲死死地也。故曰：民之生，生而動，動皆之死地，亦十有三。是以聖人愛精神而貴處靜。

夫何故？以其生生之厚。

（淮南子精神訓）是故五色亂目，使目不明；五聲譁耳，使耳不聰；五味亂口，使口爽傷；趣舍滑心，使行飛揚。此四者，天下之所養性也；然皆人累也。故曰：嗜欲者使人之氣越，而好憎者使人之心勞；弗疾去，則志氣日耗。夫人之所以不能終其壽命而中道夭於刑戮者，何也？以其生生之厚。夫惟能無以生爲者，則所以修得生也。（文子十守篇文略同。）

蓋聞善攝生者，陸行不遇兕虎，入軍不被甲兵；

兕無所投其角，虎無所措其爪，兵無所容其刃．

夫何故？以其無死地．

（韓非子解老篇）凡兵革者，所以備害也．重生者雖入軍，無忿爭之心；無忿爭之心，則無所用救害之備．此非獨謂野處之軍也．聖人之遊世也，無害人之心；無害人之心，則必無人害；無人害，則不備人，故曰：陸行不遇兕虎．入山不恃備以救害，故曰：入軍不被甲兵，遠諸害，故曰兕無所投其角，虎無所措其爪，兵無所容其刃．不設備而必無害，天地之道理也．體天地之道，故曰：無死地焉．動無死地，而謂之善攝生矣．

（淮南子詮言訓）故天下可得而不可取也；霸王可受而不可求也．任智，則人與之訟；任力，則人與之爭．未有使人無智者，有使人不能用其智於己者也；未有使人無力者，有使人不能施其力於己者也．此兩者常在久見．故君賢不見，諸侯不備；不肖不見，則百姓不怨．百姓不怨，則民用可得；諸侯弗備，則天下之時可承．事所與衆同也；功所與時成也；聖人無焉．故老子曰：虎無所措其爪，兕無所措其角：蓋謂此也．

（鹽鐵論世務篇）文學曰：春秋王者無敵，言其仁厚，其德美，天下賓服，莫敢受交也．德行延及方外，舟車所臻，足跡所及，莫不被澤。蠻貊異國，重譯自至。方此之時，天下和同，君臣一德，外內相信，上下輯睦。兵設而不試，干戈閉藏而不用。老子曰：兕無所用其角，螫蟲無所輸其毒。

五十一章

道生之，德畜之；物形之，勢成之。是以萬物莫不尊道而貴德。道之尊，德之貴，夫莫之命而常自然。故道生之，德畜之，長之育之，亭之毒之，養之覆之。生而不有，爲而不恃，長而不宰，是謂玄德。

五十二章

天下有始，以爲天下母。既得其母，以知其子；既知其子，復守其母；沒身不殆。

（牟子理惑論）老子曰：既知其子，復守其母，沒身不殆。又曰：用其光，復其明，無遺身殃。此道生死之所趣，吉凶之所住。

塞其兌，閉其門，終身不勤。

（淮南子道應訓）齊王后死。王欲置后而未定，使羣臣議。薛公欲中王之意，因獻十珥而美其一。旦日，因問美珥之所在，因勸立以爲王后。齊王大說，遂重薛公。故人主之意欲見於外，則爲人臣之所制。故老子曰：塞其兌，閉其門，終身不勤。

開其兌，濟其事，終身不救。

（文子上禮篇）爲禮者雕琢人性，矯拂其情；目雖欲之，禁以度；心雖樂之，節以禮。趨翔周旋，屈節卑拜。肉凝而不食，酒澂而不飲。外束其形，內愁其德。鉗陰陽之和，而迫性命之情；故終身爲哀人。何則？不本其所以欲，而禁其所欲；不原其所以樂，而防其所樂。是猶圈獸而不塞其垣，禁其野心；決江河之流而壅之以手。故曰：開其兌，濟其事，終身不救。

見小曰明。

（韓非子喻老篇）昔者紂爲象箸而箕子怖，以爲象箸必不加於土鉶，必將犀玉之杯；象箸玉杯必不羹菽藿，則必旄象豹胎；旄象豹胎必不衣短褐而食於茅屋之下，則錦衣九重廣室高臺。吾畏其卒，故怖其始。居五年，紂爲肉圃，設炮烙，登糟邱，臨酒池，紂遂以亡。故箕子見象箸以知天下之禍。故曰見小曰明。

（淮南子道應訓）魯國之法：魯人爲人妾於諸侯，有能贖之者，取金於府。子贛贖魯人於諸侯，來而辭不受金。孔子曰：賜失之矣！夫聖人之舉事也，可以移風易俗，而教順可施後世，非獨以適身之行也。今國之富者寡而貧者衆，贖而受金，則爲不廉；不受金，則不復贖人。自今以來，魯人不復贖人於諸侯矣。孔子亦可謂知化矣。故老子曰見小曰明。

守柔曰强。

〔韓非子喻老篇〕句踐入宧於吳，身執干戈，爲吳王洗馬；故能殺夫差於姑蘇。文王見詈於王門，顏色不變；而武王擒紂於牧野。故曰守柔曰强。

用其光，復歸其明，無遺身殃，是爲習常。

〔淮南子道應訓〕見後五十五章知和曰常條。

〔牟子理惑論〕見上旣知其子條。

五十三章

使我介然有知，行於大道，唯施是畏。大道甚夷，而民好徑。朝甚除，田甚蕪，倉甚虛，服文綵，帶利劍，厭飲食，財貨有餘；是謂盜夸。非道也哉！

〔韓非子解老篇〕書之所謂大道也者，端道也。所謂貌施也者，邪道也。所謂徑也者，佳麗也。佳麗也者，邪道之分也。朝甚除也者，獄訟繁也。獄訟繁則田荒，田荒則府倉虛，府倉虛則國貧，國貧而民俗淫侈，民俗淫侈則衣食之業絕，衣食之業絕則民不得無飾巧詐，飾巧詐則知采文，知采文之謂服文采。獄訟繁，倉廩虛，而有以淫侈爲俗，則國之傷也，若以利劍刺之。故曰：帶利劍。諸夫飾智故以至於傷國者，其私家必富；私家必富，故曰：資貨有餘。國有若是者，則愚民不得無術而效之；效之，則小盜生。由是觀之，大姦作則小盜隨，大姦唱則小盜和。竽也者，五聲之長者也；故竽先則鍾瑟皆隨，竽唱則諸樂皆和。今大姦作則俗之民唱，俗之民唱則小盜必和；故服文采，帶利劍，厭飲食，而資貨有餘者，是之謂盜竽矣。

五十四章

善建者不拔，善抱者不脫，子孫以祭祀不輟。

（韓非子解老篇）人無愚智，莫不有趨舍，恬淡平安，莫不知禍福之所由來，得於好惡，怵於淫物，而後變亂。所以然者，引於外物，亂於玩好也。恬淡有趨舍之義，平安知禍福之計；而今也玩好變之，外物引之，引之而往，故曰拔。至聖人不然，一建其趨舍，雖見所好之物，不能引；不能引之謂不拔。一於其情，雖有可欲之類，神不爲動；神不爲動之謂不脫。爲人子孫者體此道以守宗廟不滅之謂祭祀不絕。

（韓非子喻老篇）楚莊王旣勝，狩于河雍，歸而賞孫叔敖。孫叔敖請漢閒之地，沙石之處。楚邦之法：祿臣再世而收地；唯孫叔敖獨在。此不以其邦爲收者，瘠也。故九世而祀不絕。故曰：善建不拔，善抱不脫，子孫以其祭祀世世不輟。孫叔敖之謂也。

（淮南子主術訓）是故君人者無爲而有守也，有爲而無好也。有爲則讒生，有好則諛起。昔者齊桓公好味，而易牙烹其首子而餌之；虞君好寶，而晉獻以璧馬釣之；胡王好音，而秦穆公以女樂誘之。是皆以利見制於人也。故善建者不拔。

（文子上仁篇）人君之道，無爲而有就也，有立而無好也；有爲即議，有好即諛；議即可奪，諛即可誘。夫以建而制于人者，不能持國。故善建者不拔，言建之無形也。

修之於身，其德乃真；修之於家，其德乃餘；修之於鄉，其德乃長；修之於邦，其德乃豐；修之於天下，其德乃普。故以身觀身，以家觀家，以鄉觀鄉，以邦觀邦，以天下觀天下。吾何以知天下然哉？以此。

〔韓非子解老篇〕身以積精爲德，家以資財爲德，鄉國天下皆以民爲德。今治身而外物不能亂其精神，故曰：修之身，其德乃真。真者，慎之固也。治家者，無用之物不能動其計，則資有餘。故曰：修之家，其德有餘。治鄉者行此節，則家之有餘者益衆。故曰：修之鄉，其德乃長。治邦者行此節，則鄉之有德者益衆。故曰：修之邦，其德乃豐。蒞天下者行此節，則民之生莫不受其澤。故曰：修之天下，其德乃普。修身者以此別君子小人，治鄉治邦蒞天下者各以此科適觀息耗，則萬不失一。故曰：以身觀身，以家觀家，以鄉觀鄉，以邦觀邦，以天下觀天下。吾奚以知天下之然也？以此。

（淮南子道應訓）楚莊王問詹何曰：治國柰何？對曰：何明於治身而不明於治國。楚王曰：寡人得立，宗廟社稷，願學所以守之。詹何對曰：臣未嘗聞身治而國亂者也，未嘗聞身亂而國治者也。故本在於身，不敢對以末。楚王曰：善。故老子曰：修之身，其德乃真也。（文子上仁篇文略同，作文子問老子答。）

（文子微明篇）人之將疾也，必先甘魚肉之味；國之將亡也，必先惡忠臣之語。故疾之將死者，不可爲良醫；國之將士者，不可爲忠謀。修之身，然後可以治民；居家理，然後可移于官長。故曰：修之身，其德乃眞；修之家，其德乃餘；修之國，其德乃豐。

五十五章

含德之厚，比於赤子：蜂蠆虺蛇不螫，猛獸不據，攫鳥不搏，骨弱筋柔而握固，未知牝牡之合而全作，精之至也；終日號而不嗄，和之至也。知和曰常，知常曰明，益生曰祥，心使氣曰強。

〔淮南子道應訓〕中山公子牟謂詹子曰：身處江海之上，心在魏闕之下，爲之柰何？詹子曰：重生；重生則輕利。中山公子牟曰：雖知之，猶不能自勝。詹子曰：不能自勝，則從之；從之，神無怨乎？不能自勝而強弗從者，此之謂重傷。重傷之人，無壽類矣。故老子曰：知和曰常，知常曰明，益生曰祥，心使氣曰強。是故用其光，復歸其明也。（文子下德篇文略同，彼作老子語。）

物壯則老，謂之不道；不道早已。

（牟子理惑論）老子云：物壯則老，謂之不道，早已。惟有得道者不生，亦不壯，不壯亦不老，不老亦不病，不病亦不朽，是以老子以身爲大患焉。

五十六章

知者不言，言者不知。

（莊子知北遊篇）見二一章是以聖人處無爲之事

條下。

（淮南子道應訓）見二章天下皆知美之爲美條。

（牟子理惑論）見九章功遂身退天之道條。

塞其兌，閉其門；挫其銳，解其分；和其光，同其塵。是謂玄同。故不可得而親，不可得而疏；不可得而利，不可得而害；不可得而貴，不可得而賤。故爲天下貴。

五十七章

以正治國，以奇用兵，以無事取天下。

（尹文子大道下篇）老子曰：以政治國，以奇用兵。以無事取天下。政者，名法是也；以名法治國，萬物所不能亂，奇者，權術是也；以權術用兵，萬物所不能敵。凡能用名法權術而矯抑殘暴之情，則己無事焉，己無事，則得天下矣。故失治則任法，失法則任兵，以求無事不以取彊，取彊則柔者反能服之。

（文子上禮篇）老子曰：以政治國，以奇用兵，先爲不可勝之政，而後求勝于敵，以未治而攻人之亂，是猶以火應火，以水應水也。同莫足以相治，故以異爲奇，奇靜爲躁，奇治爲亂，奇飽爲飢，奇逸爲勞，奇正之相應，若水火金木之相伐也。何往而不勝？故德均則衆者勝寡，力敵則智者制愚，智同則有數者禽無數。

吾何以知其然哉？以此。天下多忌諱而民彌貧；民多利器，國家滋昏；人多伎巧，奇物滋起；法令滋彰，盜賊多有。

〔淮南子道應訓〕惠子爲惠王爲國法，已成而示諸先生，先生皆善之，奏之惠王，惠王甚說之，以示翟煎，曰：善。惠王曰：善，可行乎？翟煎曰：不可。惠王曰：善而不可行，何也？翟煎對曰：今夫舉大木者，前呼邪許，後亦應之，此舉重勸力之歌也。豈無鄭衞激楚之音哉？然而不用者，不若此其宜也。治國在禮，不在文辯。故老子曰：法令滋彰，盜賊多有。此之謂也。文子微明篇文略同，作文子問老子答。

（文子道原篇）聽失于非譽，目淫于彩色；禮亶不足以放愛，誠心可以懷遠。故兵莫憯乎志，鏌鋣爲下；寇莫大于陰陽，而枹鼓爲細。所謂大寇伏尸不言節，中寇藏于山，小寇遯于民間。故曰：民多智能，奇物滋起；法令滋章，盜賊多有。去彼取此，天殃不起。故以智治國，國之賊，不以智治國，國之德。

（史記酷吏傳）見前三十八章下德不德條。

（後漢書東夷傳論）昔箕子違衰殷之運，避地朝鮮；始其國俗，未有聞也。及施八條之約，使人知禁，遂乃邑無淫盜，門不夜扃，回頑薄之俗，就寬略之法，行數百年；故東夷通以柔謹爲風，異乎三方者也。苟政之所暢，則道義存焉。仲尼懷憤，以爲九夷可居。或疑其陋，子曰：君子居之，何陋之有？亦徒有以焉耳。其後遂通接商賈，漸交上國，而燕人儒滿擾雜其風，於是從而澆異焉。老子曰：法令滋章，盜賊多有。若箕子之省簡文條而用信義，其得聖賢作法之原矣。

故聖人云：我無爲而民自化，我好靜而民自正，我無事而民自富，我無欲而民自樸。

（文子道原篇）夫人從欲失性，動未嘗正也，以治國，則亂；以治身，則穢。故不聞道者無以反其性，不通物者不能清靜。原人之性無邪穢，久湛于物，即易；易而忘其本，卽合于若性。水之性欲清，沙石穢之；人之性欲平，嗜欲害之。惟聖人能遺物反己。是故聖人不以智役物，不以欲滑和；其于樂不忻忻，其于憂不惋惋；是以高而不危，安而不傾。故聽善言便計，雖愚者知說之，稱聖德高行，雖不肖者知慕之。說之者衆而用之者寡，慕之者多而行之者少：所以然者，掔于物而繫于俗。故曰：我無爲而民自化，我無事而民自富，我好靜而民自正，我無欲而民自樸。

（文子微明篇）帝王富其民，霸王富其地，危國富其吏，治國若不足，亡國囷倉虛。故曰：上無事而民自富，上無爲而民自化。
（鹽鐵論周秦篇）自首匿相坐之法立，骨肉之恩廢而刑罪多。聞父母之於子，雖有罪，猶匿之；豈不欲服罪爾？子爲父隱，父爲子隱，未聞父子之相坐也。聞兄弟緩追以免賊，未聞兄弟之相坐也。聞惡惡止其人，疾始而誅首惡，未聞什伍之相坐。老子曰：上無欲而民樸，上無事而民自富。

老子古義卷中竟

增補老子古義

附漢代老學者攷

下册

老子古義卷下

長沙 楊樹達 遇夫 譔集

五十八章

其政悶悶，其民淳淳；其政察察，其民缺缺．

〔淮南子道應訓〕灃水之深千仞而不受塵垢；投金鐵鍼焉，則形見於外．非不深且清也，魚鼈龍蛇莫之肯歸也．是故石上不生五穀，禿山不游麋鹿，無所陰蔽隱也．昔趙文子問於叔向曰：晉六將軍其孰先亡乎？對曰：中行知氏．文子曰：何乎？對曰：其為政也，以苛為察，以切為明，以刻下為忠，以計多為功，譬之猶廓革者也；廓之大則大矣，裂之道也．

故老子曰：其政悶悶，其民淳淳；其政察察，其民缺缺。文子上禮篇文略同，彼皆作老子語。

禍兮，福之所倚；福兮，禍之所伏。孰知其極？

（呂氏春秋季夏紀制樂篇）故成湯之時，有穀生於庭，昏而生，比旦而大拱，其吏請卜其故，湯退卜者曰：吾聞祥者，福之先者也；見祥而爲不善則福不至。妖者，禍之先者也；見妖而爲善則禍不至。於是早朝晏退，問疾弔喪，務鎮撫百姓，三日而穀亡。故禍兮福之所倚，福兮禍之所伏，聖人所獨見，衆人焉知其極！

（韓非子解老篇）人有禍則心畏恐，心畏恐則行端直，行端直則思慮熟，思慮熟則得事理；行端直則無禍害，無禍害則盡天年，得事理則必成功，盡天年則全而壽，必成功則富與貴。全壽富貴之謂福，而福本於有禍，故曰：禍兮福之所倚，以成其功也。人有福則富貴至，富貴至則衣食美，衣食美則驕心生，驕心生則行邪僻而動棄理。行邪僻則身死夭，動棄理則無成功。夫內有死夭之難，而外無成功之名者，大禍也；而禍本生於有福，故曰：福兮禍之所伏。夫緣道理以從事者，無不能成；無不能成者，大能成天子之勢尊，而小易得卿相將軍之賞祿。夫棄道理而妄舉動者，雖上有天子諸侯之勢尊，而下有倚頓陶朱卜祝之富，猶失其民人而亡其財貨也。衆人之輕棄道理而易妄舉動者，不知其禍福之深大而道闊遠若是也。故諭人曰：孰知其極？

〔文子微明篇〕德之中有道，道之中有德，其化不可極。陽中有陰，陰中有陽；萬事盡然，不可勝明。福至祥存，禍至祥先；見祥而不爲善，即福不來；見不祥而行善，即禍不至。利與害同門，禍與福同鄰；非神聖，莫之能分。故曰：禍兮福所倚，福兮禍所伏；孰知其極？

〔說苑敬愼篇〕老子曰：得其所利，必慮其所害；樂其所成，必顧其所敗。人爲善者天報以福；人爲不善者，天報以禍也。故曰：禍兮福所倚，福兮禍所伏。戒之愼之，君子不務，何以備之？夫上知天則不失時，下知地則不失財；日夜愼之，則無災害。

其無正？正復爲奇，善復爲妖。樹達按：其，豈也。善復爲妖上疑脫其無善二字。

人之迷，其日固久。

（韓非子解老篇）人莫不欲富貴全壽，而未有能免於貧賤死夭之禍也。心欲富貴全壽，而今貧賤死夭，是不能至於其所欲至也。凡失其所欲之路而妄行者之謂迷，迷則不能至於其所欲至矣。今衆人之不能至於其所欲至，故曰：迷。衆人之所不

能至於其所欲至也，自大地之剖判以至於今，故
曰：人之迷也，其日故以久矣。
是以聖人方而不割，廉而不劌，直而不肆，光而
不燿。
〔韓非子解老篇〕所謂方者，內外相應也，言行相
稱也，所謂廉者，必生死之命也，輕恬資財也，所謂
直者，義必公正，心不偏黨也，所謂光者，官爵尊貴，
衣裘壯麗也。今有道之士，雖中外信順，不以誹謗
窮墮；雖死節輕財，不以侮罷羞貪；雖義端不黨，不
以去邪罪私；雖勢尊衣美，不以夸賤欺貧。其故何
也？使失路者而肯聽能問知，即不成迷也。今衆人

之所以欲成功而反爲敗者，生於不知道理而不肯問知而聽能。衆人不肯問知聽能，而聖人强以其禍敗適之，則怨。衆人多而聖人寡；寡之不勝衆，數也。今舉動而與天下爲讎，非全身長生之道也。是以行軌節而舉之也。故曰：方而不割，廉而不劌，直而不肆，光而不燿。

（淮南子道應訓）景公謂太卜曰：子之道何能？對曰：能動地。晏子往見公。公曰：寡人問太卜曰：子之道何能？對曰：能動地。地可動乎？晏子默然不對。出見太卜，曰：昔吾見句星在房心之間，地其動乎？太卜曰：然。晏子出，太卜走往見公，曰：臣非能動地，地固將動也。田子陽聞之，曰：晏子默然不對者，不欲太卜之死；往見太卜者，恐公之欺也。晏子可謂忠於上而惠於下矣。故老子曰：方而不割，廉而不劌。

（淮南子氾論訓）夫堯舜湯武，世主之隆也；齊桓晉文，五霸之豪英也。然堯有不慈之名，舜有卑父之謗，湯武有放弑之事，五伯有暴亂之謀。是故君子不責備於一人，方正而不以割，廉直而不以切，博通而不以訾，文武而不以責。

（文子上義篇）老子曰：自古及今，未有能全其行者也；故君子不責備于一人，方而不割，廉而不劌，直而不肆，博達而不訾，道德文武，不責備于人力自修以道，而不責于人，易償也；自修以道，則無病矣。夫夏后氏之璜，不能無瑕；明月之珠，不能無穢。然天下寶之者，不以小惡妨大美。今志人之所短，忘人之所長，而欲求賢于天下，卽難矣。

五十九章

治人事天莫若嗇。

〔韓非子解老篇〕聰明睿智，天也；動靜思慮，人也。人也者，乘於天明以視，寄於天聰以聽，託於天智以思慮。故視強則目不明，聽甚則耳不聰，思慮過度則智識亂。目不明則不能決黑白之分，耳不聰則不能別清濁之聲，智識亂則不能審得失之地。

目不能決黑白之色，則謂之盲；耳不能別清濁之聲，則謂之聾；心不能審得失之地，則謂之狂。盲則不能避晝日之險，聾則不能知雷霆之害，狂則不能免人閒法令之禍。書之所謂治人者，適動靜之節，省思慮之費也。所謂事天者，不極聰明之力，不盡智識之任。苟極盡則費神多，費神多則盲聾悖狂之禍至，是以嗇之。嗇之者，愛其精神，嗇其智識也。故曰：治人事天莫如嗇。

夫唯嗇，是謂早服；

（韓非子解老篇）衆人之用神也躁，躁則多費，多費之謂侈；聖人之用神也靜，靜則少費，少費之謂嗇。嗇之謂術也，生於道理。夫能嗇也，是從於道而服於理者也。衆人離於患，陷於禍，猶未知退而不服從道理。聖人雖未見禍患之形，虛無服從於道理，以稱蚤服。故曰：夫謂嗇，是以蚤服。

早服謂之重積德；

（韓非子解老篇）知治人者其思慮靜，知事天者其孔竅虛。思慮靜，故德不去，孔竅虛則和氣日入。故曰：重積德。夫能令故德不去，新和氣日至者，蚤服者也。故曰：蚤服是謂重積德。

重積德則無不克。

（韓非子解老篇）積德而後神靜，神靜而後和多，和多而後計得，計得而後能御萬物，能御萬物則戰易勝敵，戰易勝敵而論必蓋世，論必蓋世，故曰：無不克。無不克本於重積德，故曰：重積德則無不克。

無不克，則莫知其極；

（韓非子解老篇）戰易勝敵，則兼有天下；論必蓋世，則民人從。進兼天下而退從民人，其術遠，則衆人莫見其端末；莫見其端末，是以莫知其極。故曰：無不克則莫知其極。

莫知其極，可以有國；

（韓非子解老篇）凡有國而後亡之，有身而後殃之，不可謂能有其國能保其身。夫能有其國，必能安其社稷；能保其身，必能終其天年；而後可謂能有其國能保其身矣。夫能有其國，保其身者，必且體道；體道則其智深；其智深則其會遠；其會遠，衆人莫能見其所極。唯夫能令人不見其事極，不見其事極者，爲能保其身，有其國。故曰：莫知其極，莫知其極則可以有國。

有國之母，可以長久。

〔韓非子解老篇〕所謂有國之母，母者，道也；道也者，生於所以有國之術，所以有國之術，故謂之有國之母。夫道以與世周旋者，其建生也長，持祿也久。故曰：有國之母，可以長久。

是謂深根固柢長生久視之道。

〔韓非子解老篇〕樹木有曼根，有直根。直根者，書之所謂柢也；柢也者，木之所以建生也。曼根者，木之所以持生也。德也者，人之所以建生也；祿也者，人之所以持生也。今建於理者，其持祿也久，故曰：深其根；體其道者，其生日長，故曰：固其柢。柢固則生長，根深則視久；故曰：深其根，固其柢，長生久視之道也。

六十章

治大國若烹小鮮。

〔韓非子解老篇〕工人數變業，則失其功；作者數搖徙，則亡其功。一人之作，日亡半日，十日則亡五人之功矣；萬人之作，日亡半日，十日則亡五萬人之功矣。然則數變業者，其人彌衆，其虧彌大矣。凡法令更則利害易，利害易則民務變，民務變謂之變業。故以理觀之，事大衆而數搖之，則少成功；藏大器而數徙之，則多敗傷；烹小鮮而數撓之，則賊其宰；治大國而數變法，則民苦之。是以有道之君貴虛靜而重變法。故曰：治大國者若烹小鮮。

〔淮南子齊俗訓〕天下是非無所定，世各是其所是而非其所非，所謂是與非各異，皆自是而非人。

由此觀之，事有合於己者，而未始有是也；有忤於心者，而未始有非也。故求是者，非求道理也，求合於己者也；去非者，非批邪施也，去忤於心者也。忤於我未必不合於人也，合於我未必不非於俗也。至是之是無非，至非之非無是，此真是非也。若夫是於此而非於彼，非於此而是於彼者，此之謂一是一非也。此一是非，隅曲也；夫一是非，宇宙也。今吾欲擇是而居之，擇非而去之，不知世之所謂是非者，不知孰是孰非。老子曰：治大國若烹小鮮。爲寬裕者曰：勿數撓！（樹達按：如前條，韓非之說是也。）爲刻削者曰：致其鹹酸而已矣。（文子道德篇文略同。）

〔蜀志姜維傳評〕姜維粗有文武，志立功名，而翫衆黷旅，明斷不周，終致隕斃。老子有云：治大國者猶烹小鮮，況於區區蕞爾而可屢擾乎哉？

以道莅天下，其鬼不神。

〔韓非子解老篇〕人處疾則貴醫，有禍則畏鬼。聖人在上，則民少欲，民少欲則血氣治而舉動理，舉動理則少禍害。夫內無痤疽癉痔之害，而外無刑罰法誅之禍者，其輕恬鬼也甚。故曰：以道莅天下，其鬼不神。

〔淮南子俶真訓高誘注〕道家養形養神，皆以壽終，形神俱沒，不但漠而已也。老子曰：以道埭天下，其鬼不神，此謂俱沒也。

非其鬼不神，其神不傷人；

（韓非子解老篇）治世之民不與鬼神相害也。故曰：非其鬼不神也，其神不傷人也。

非其神不傷人，聖人亦不傷人。

（韓非子解老篇）鬼祟疾人之謂鬼傷人，人逐除之之謂人傷鬼也。民犯法令之謂民傷上，上刑戮民之謂上傷民。民不犯法，則上亦不行刑；上不行刑之謂上不傷人。故曰：聖人亦不傷民。

夫兩不相傷，故德交歸焉。

（韓非子解老篇）上不與民相害，而人不與鬼相傷，故曰：兩不相傷。民不敢犯法，則上內不用刑罰，而外不事利其產業。上內不用刑罰，而外不事利其產業，則民蕃息。民蕃息而蓄積盛之謂有德。凡所謂祟者，魂魄去而精神亂；精神亂則無德。鬼不祟人，則魂魄不去；魂魄不去，則精神不亂；精神不亂之謂有德。上盛蓄積而鬼不亂其精神，則德盡在於民矣。故曰：兩不相傷，則德交歸焉。言其德上下交盛而俱歸於民也。

六十一章

大國者，下流，天下之交，天下之牝。牝常以靜勝牡，以靜爲下。故大國以下小國，則取小國；小國以下大國，則取大國．故或下以取，或下而取．大國不過欲兼畜人，小國不過欲入事人；夫兩者各得其所欲，大者宜爲下．樹達按則取大國及或下而取二取字，皆具取之義．

六十二章

道者，萬物之奧，善人之寶，不善人之所保．

（尹文子大道上篇）夫道治者，則名法儒墨自廢；以名法儒墨治者，則不得離道．老子曰：道者，萬物之奧，善人之寶，不善人之所寶．是道治者謂之善人，藉名法儒墨者謂之不善人．善人之與不善人，名分日離，不待審察而得也．

美言可以市尊，行可以加人．

〔淮南子道應訓〕見前二十一章窈兮冥兮條。

〔淮南子人間訓〕智伯軍救水而亂，韓魏翼而擊之。襄子將卒犯其前，大敗智伯軍，殺其身而三分其國。襄子乃賞有功者，而高赫爲賞首。羣臣請曰：晉陽之存，張孟談之功也；而赫爲賞首，何也？襄子曰：晉陽之圍也，寡人國家危，社稷殆，羣臣無不有驕侮之心者。唯赫不失君臣之禮，吾是以先之。由此觀之，義者，人之大本也。雖有戰勝存亡之功，不如行義之隆。故老子曰：美言可以市尊，美行可以加人。

〔史記滑稽傳〕武帝時，徵北海太守詣行在所，有文學卒史王先生者，自請與太守俱，吾有益於君．君許之．諸府掾功曹白云：王先生嗜酒，多言少實，恐不可與俱．太守曰：先生意欲行，不可逆．遂與俱．行至宮下，待詔宮府門，王先生徒懷錢沽酒，與衛卒僕射飲，日醉，不視其太守．太守入跪拜，王先生謂戶郎曰：幸爲我呼吾君至門內遙語．戶郎爲呼太守．太守來，望見王先生．王先生曰：天子即問君何以治北海令無盜賊，君對曰何哉？對曰：選擇賢材，各任之以其能，賞異等，罰不肖．王先生曰：對如是，是自譽自伐功，不可也．願君對言非臣之力，盡陛下神靈威武所變化也．太守曰：諾．召入，至於殿下，有詔問之曰：何以治北海，令盜賊不起？叩頭對言：非臣之力，盡陛下神靈威武之所變化也．武帝大笑曰：於呼！安得長者之語而稱之！安所受之？對曰：受之文學卒史．帝曰：今安在？對曰：在宮府門外．有詔拜王先生爲水衡丞，以北海太守爲水衡都尉．傳曰：美言可以市尊，行可以加人，君子相送以言，小人相送以財．

人之不善，何棄之有！故立天子，置公三，雖有拱璧以先駟馬，不如坐進此道．古之所以貴此道者何？不曰以求得，有罪以免耶？故爲天下貴．

六十三章

爲無爲，事無事，味無味。

（文子道原篇）眞人者，知大己而小天下，貴治身而賤治人；不以物滑和，不以欲亂情，隱其名姓，有道則隱，無道則見；爲無爲，事無事，知不知也。

大小多少，報怨以德。

（新書退讓篇）梁大夫宋就者，爲邊縣令，與楚鄰界。梁之邊亭與楚之邊亭皆種瓜，各有數。梁之邊亭劬力而數灌其瓜，瓜美；楚窳而希灌其瓜，瓜惡。楚令因以梁瓜之美，怒其亭瓜之惡也。楚亭惡梁瓜之賢己，因夜往竊搔梁亭之瓜，皆有死焦者矣。梁亭覺之，因請其尉，亦欲竊往報搔楚亭之瓜。尉以請宋就。就曰：惡！是何言也！是講怨分禍之道也。惡！何稱之甚也？若我教子，必每暮令人往，竊爲楚亭夜善灌其瓜，令勿知也！於是梁亭乃每夜往竊灌楚亭之瓜。楚亭旦而行瓜，則此已灌矣。瓜日以美，楚亭怪而察之，則乃梁亭也。楚令聞之，大悅，具以聞，楚王聞之，惄然醜，以志自惛也。告吏曰：微搔瓜，得無他罪乎？說梁之陰讓也，乃謝以重幣，而請交於梁王。楚王時則稱說梁王以爲信。故梁楚之驩，由宋就始。語曰：轉敗而爲功，因禍而爲福；老子曰：報怨以德，此之謂乎！夫人既不善，胡足效哉？新序雜事篇四文略同。

圖難於其易，爲大於其細；天下難事必作於易，天下大事必作於細。

〔韓非子喻老篇〕有形之類，大必起於小；行久之物，族必起於少。故曰：天下之難事必作於易，天下之大事必作於細。是以欲制物者於其細也。故曰：圖難於其易也，爲大於其細也。千丈之隄，以螻蟻之穴潰；百尺之室，以突隙之熛焚。故白圭之行隄也，塞其穴；丈人之慎火也，塗其隙。是以白圭無水難，丈人無火患。此皆慎易以避難，敬細以遠大者也。扁鵲見蔡桓公，立有閒，扁鵲曰：君有疾在腠理，不治，將恐深。桓侯曰：寡人無疾。扁鵲出，桓侯曰：醫之好治不病以爲功。居十日，扁鵲復見，曰：君之病在肌膚；不治，將益深。桓侯不應。扁鵲出，桓侯又不悅。居十日，扁鵲復見，曰：君之病在腸胃；不治，將益深。桓侯又不應。扁鵲出，桓侯又不悅。居十日，扁鵲望桓侯而還走。桓侯故使人問之。扁鵲曰：疾在腠理，湯熨之所及也；在肌膚，鍼石之所及也；在腸胃，火齊之所及也；在骨髓，司命之所屬，無柰何也。今在骨髓，臣是以無請也。居五日，桓侯體痛，使人索扁鵲，已逃秦矣。桓侯遂死。故良醫之治病也，攻之於腠理。此皆爭之於小者也。夫事之禍福，亦有腠理之地，故曰：聖人蚤從事焉。

（韓非子難三篇）惠之爲政，無功者受賞，則有罪者免，此法之所以敗也。法敗而政亂，以亂政治敗民，未見其可也。且民有倍心者，君上之明有所不及也。不紹葉公之明，而使之悅近而來遠，是舍吾勢之所能禁，而使與下行惠以爭民，非能持勢者也。夫堯之賢，六王之冠也；舜一從而咸包，而堯無天下矣。有人無術以禁下，恃爲舜而不失其民，不亦無術乎！明君見小姦於微，故民無大謀；行小誅於細，故民無大亂。此謂圖難於其所易也，爲大者於其所細也。

（續漢書五行志六注引馬融集）融延光四年日

食上書云：臣伏見日食之占，自昔典籍十月之交、春秋傳記漢注所載史官占候羣臣密對，陛下所觀覽左右所諷誦，可謂詳悉備矣。雖復廣問，猶在前志，無以復加。乃者茀氣于參，臣前得敦朴之人後三年二月，對策北宮端門，以爲：參者西方之位其于分野，并州是也。殆謂西戎北狄。其後種羌叛戾，烏桓犯上郡，并涼動兵，驗略效矣。今復見大異，申誡重譴，於此二城。海內莫見，三月一日，合辰在婁；婁又西方之宿，衆占顯明者。羌及烏桓有悔過之辭，將吏策勳之名。臣恐受任典牧者苟悅目前，皆粗圖一時之權，不顧爲國百世之利；論者矣近功，忽其遠，則各相不大疢病，伏惟天象不虛，老子曰：圖難于其易也，爲大于其細也，消災復異，宜在于今。陶鴻慶按：謝傳，謝嘗引老子。

六十四章

其安易持，其未兆易謀，

（韓非子喻老篇）昔晉公子重耳出亡，過鄭，鄭君不禮。叔瞻諫曰：此賢公子也，君厚待之，可以積德。鄭君不聽。叔瞻又諫曰：不厚待之，不若殺之，無令有後患。鄭公又不聽。及公子返晉邦，舉兵伐鄭，大破之，取八城焉。晉獻公以垂棘之璧假道於虞而伐虢，大夫宫之奇諫曰：不可。脣亡而齒寒，虞虢相救，非相德也。今日晉滅虢，明日虞必隨之亡。虞君不聽，受其璧而假之道。晉已取虢，還反滅虞。此二臣者，皆爭於腠理者也；而二君不用也。然則叔瞻、宮之奇亦虞、鄭之扁鵲也；而二君不聽，故鄭以破，虞以亡。故曰：其安易持也，其未兆易謀也。

其脆易泮，其微易散。

爲之於未有，治之於未亂。

〔新書審微篇〕善不可謂小而無益，不善不可謂小而無傷。非以善爲一足以利天下，小不善爲一足以亂國家也；當夫輕始而傲微，則其流必至於大亂；是故子民者謹焉。彼人也，登高則望，臨深則窺；人之性非窺且望也，勢使然也。夫事有逐奸勢有召禍。老聃曰：爲之於未有，治之於未亂。

（史記蘇秦傳）秦說楚威王曰：臣聞治之其未亂也，爲之其未有也。患至而後憂之，則無及已。

（吳志孫策傳注）孫盛曰：策爲首事之君，有吳開國之主，將相在列，皆其舊也；而嗣子弱劣，析薪弗荷；奉之則魯桓田市之難作，崇之則與夷子馮之禍興。是以正名定本，使貴賤殊邈，然後國無陵肆之責，後嗣罔猜忌之嫌；羣情絕異端之論，不逞杜覬覦之心。於情雖違，於事雖儉，至於括囊遠圖，永保維城，可謂爲之於其未有，治之於其未亂者也。

合抱之木，生於毫末；九層之臺，起於累土；千里之行，始於足下。

爲者敗之，執者失之。

〔鶡冠子備知篇〕德之盛，山無徑迹，澤無橋梁，不相往來，舟車不通。何者？其民猶赤子也。有知者不以相欺役也，有力者不以相臣主也。是以烏鵲之巢，可俯而窺也；麋鹿羣居，可從而係也。至世之衰，父子相圖，兄弟相疑。何者？其化薄而出於相以有爲也。故爲者敗之，治者亂之。

〔文子上仁篇〕天之道，爲者敗之，執者失之。夫欲名之大而求之爭之，吾見其不得已；而雖執而得之不留也。

是以聖人無爲，故無敗，無執，故無失。

（文子符言篇）山生金，石生玉，反相剝；木生蟲，還自食；人生事，還自賊。夫好事者未嘗不中，爭利者未嘗不窮；善游者溺，善騎者墮；各以所好，反自爲禍。得在時，不在爭；治在道，不在聖。土處下，不爭高，故安而不危；水流下，不爭疾，故去而不遲。是以聖人無執，故無失；無爲，故無敗。

民之從事，常於幾成而敗之。

愼終如始，則無敗事。

（文子符言篇）學敗于官茂，孝衰于妻子，患生于憂解，病甚于且瘉，故愼終如始，則無敗事。

是以聖人欲不欲，不貴難得之貨；

（韓非子喩老篇）宋之鄙人得璞玉而獻之子罕，子罕不受。鄙人曰：此寶也，宜爲君子器，不宜爲細人用。子罕曰：爾以玉爲寶，我以不受子玉爲寶。是鄙人欲玉，而子罕不欲玉。故曰：欲不欲而不貴難得之貨。

學不學，復衆人之所過。

（韓非子喩老篇）王壽負書而行，見徐馮於周。徐馮曰：事者爲也，爲生於時，知者無常事。書者，言也；言生於知，知者不藏書。今子何獨負之而行？於是王壽因焚其書而儛之。故知者不以言談教，而慧者不以書藏篋。此世之所過也，而王壽復之，是學不學也。故曰：學不學，復歸衆人之所過也。

以輔萬物之自然而不敢爲。

（韓非子喻老篇）夫物有常容，因乘以導之；因隨物之容，故靜則建乎德，動則順乎道。宋人有爲其君以象爲楮葉者，三年而成；豐殺莖柯，毫芒繁澤，亂之楮葉之中而不可別也。此人遂以功食祿於宋邦。列子聞之，曰：使天地三年而成一葉，則物之有葉者寡矣。故不乘天地之資而載一人之身，不隨道理之數而學一人之智，此皆一葉之行也。故冬耕之稼，后稷不能羨也；豐年大禾，臧獲不能惡也。以一人力，后稷不足；隨自然，則臧獲有餘。故曰：恃萬物之自然而不敢爲也。

六十五章

古之善爲道者，非以明民，將以愚之。民之難治，以其智多。故以智治國，國之賊；不以智治國，國之福。

〔韓非子難三篇〕鄭子產晨出，過東匠之閭，聞婦人之哭，撫其御之手而聽之。有間，遣吏執而問之，則手絞其夫者也。異日，其御問曰：夫子何以知之？子產曰：其聲懼。凡人於其親愛也，始病而憂，臨死而懼，已死而哀。今哭已死，不哀而懼，是以知其有姦也。或曰：子產之治，不亦多事乎？必姦待耳目之所及而後知之，則鄭國之得姦者寡矣。不任典成之吏，不察參伍之政，不明度量，恃毒聰明，勞智慮而以知姦，不亦無術乎？且夫物衆而智寡，寡不勝衆，智不足以徧知物，故則因物以治物。下衆而上寡，寡不勝衆者，言君不足以徧知臣也；故因人以知人，是以形體不勞而事治，智慮不用而姦得。故宋人語曰：一雀過，羿必得之，則羿誣矣；以天下爲之羅，則雀不失矣。夫知姦亦有大羅，不失其一而已矣。不修其理，而以己之胸察爲之弓矢，則子產誣矣。老子曰：以智治國，國之賊也；其子產之謂矣。
（文子道原篇）見前五十七章人多伎巧條。
（後漢紀靈帝紀下）袁宏曰：在溢則激，處平則恬，水之性也；急之則擾，緩之則靜，民之情也。故善治水者引之使平，故無衝激之患；善治人者雖不爲盜，終歸刻薄矣；以民心爲治者，下雖不時，終歸敦厚矣。老子曰：古之爲道者，不以明民，將以愚之，故以智治國，國之賊也。

知此兩者，亦稽式；常知稽式，是謂玄德。

玄德深矣，遠矣，與物反矣；

（文子自然篇）王公修道，功成不有，不有即強固，强固而不以暴人。道深即德深，德深即功名遂成。
此謂玄德深矣遠矣，其與物反矣。
然後乃至大順。

六十六章

江海所以能爲百谷王者，以其善下之，故能爲百谷王。

（淮南子說山訓）江河所以能長百谷者，能下之也；夫惟能下之，是以能上之。

（後漢書南匈奴傳）冬，孟雲上言：北虜以前既和親，而南部復往鈔掠，北單于謂漢欺之，謀欲犯塞。謂宜還南所掠生口以慰安其意。肅宗從太僕袁安議，許之．乃下詔曰：昔獵狁獯粥之敵中國，其所由來尚矣．往者雖有和親之名，終無絲髮之効．墝埆之人，屢嬰塗炭；父戰於前，子死於後；弱女乘於亭障，孤兒號於道路；老母寡妻，設虛祭，飲泣淚，想望歸魂於沙漠之表，豈不哀哉！傳曰：江海所以能長百川者，以其下之也．少加屈下，尚何足病！

是以欲上民，必以言下之；欲先民，必以身後之．是以聖人處上而民不重，處前而民不害；是以天下樂推而不厭．以其不爭，故天下莫能與之爭．

〔文子符言篇〕人之情，心服于德不服于力．德在與，不在求．是以聖人之欲貴于人者先貴于人，欲尊于人者先尊于人；欲勝人者先自勝；欲卑人者先自卑。故貴賤尊卑，道以制之。夫古之聖王，以其言下人，以其身後人，即天下樂推而不厭，戴而不重。此德有餘而氣順也。故知與之爲取，後之爲先，即幾于道矣。

（文子道德篇）夫欲上人者，必以其言下之；欲先人者，必以其身後之。天下必效其歡愛，進其仁義，而無苛氣。居上而民不重，居前而衆不害，天下樂推而不厭。雖絶國殊俗，蜎飛蠕動，莫不親愛，無之而不通，無往而不遂，故爲天下貴。

（文子道原篇）故聖人不以事滑天，不以欲亂情；

不誅而當，不言而信，不慮而得，不爲而成。是以處上而民不重，居前而人不害。天下歸之，姦邪畏之。以其無爭于萬物也，故莫敢與之爭。」

六十七章

天下皆謂我道大，似不肖。夫唯大，故似不肖。若肖，久矣其細也夫！

我有三寶，持而保之：

〔韓非子解老篇〕事必萬全而舉無不當，則謂之寶矣。故曰吾有三寶，持而寶之。

一曰慈，二曰儉，

三曰不敢爲天下先。

〔韓非子解老篇〕凡物之有形者，易裁也，易割也．何以論之？有形則有短長，有短長則有小大，有小大則有方圓，有方圓則有堅脆，有堅脆則有輕重，有輕重則有白黑．短長大小方圓堅脆輕重白黑之謂理；理定而物易割也．故議於大庭而後言，則立權議之士知之矣；故欲成方圓而隨其規矩，則萬事之功形矣．而萬物莫不有規矩；議言之士，計會規矩也．聖人盡隨於萬物之規矩，故曰：不敢爲天下先．

慈，故能勇；

〔韓非子解老篇〕愛子者慈於子，重生者慈於身，貴功者慈於事。慈母之於弱子也，務致其福；務致其福，則事除其禍；事除其禍，則思慮熟；思慮熟，則得事理；得事理，則必成功；必成功，則其行之也不疑。不疑之謂勇。聖人之於萬事也，盡如慈母之爲弱子慮也，故見必行之道；見必行之道，則其從事亦不疑；不疑之謂勇。不疑生於慈，故曰：慈故能勇。

儉，故能廣；

〔韓非子解老篇〕周公曰：冬日之閉凍也不固，則春夏之長草木也不茂。天地不能常侈常費，而況於人乎？故萬物必有盛衰，萬事必有弛張；國家必有文武，官治必有賞罰。是以智士儉用其財則家富，聖人愛寶其神則精盛，人君重戰其卒則民衆。

民衆則國廣，是以舉之曰：儉故能廣。

不敢爲天下先，故能成器長。

〔韓非子解老篇〕不敢爲天下先，則事無不事，功無不功，而議必蓋世，欲無處大官，其可乎？處大官之謂爲成事長，是以故曰：不敢爲天下先，故能爲成事長。

今舍慈且勇，舍儉且廣，舍後且先，死矣。

夫慈，以戰則勝，以守則固。

〔韓非子解老篇〕慈於子者不敢絕衣食，慈於身者不敢離法度，慈於方圓者不敢舍規矩。故臨兵而慈於士吏，則戰勝敵；慈於器械，則城堅固。故曰：慈，於戰則勝，以守則固。

天將救之，以慈衞之。

（韓非子解老篇）夫能自全也而盡隨於萬物之理者，必且有天生。天生也者，生心也。故天下之道，盡之生也，若以慈衞之也。

六十八章

善爲士者不武，善戰者不怒，善勝敵者不與，善用人者爲之下。是謂不爭之德，是謂用人之力，是謂配天古之極。

六十九章

用兵有言：吾不敢爲主而爲客，不敢進寸而退尺。是謂行無行，攘無臂，扔無敵，執無兵。禍莫大於輕敵；輕敵幾喪吾寶。故抗兵相加，哀者勝矣。

七十章

吾言甚易知，甚易行；天下莫能知，莫能行。言有宗，事有君；夫唯無知，是以不我知。

〔淮南子道應訓〕白公問於孔子曰：人可以微言乎？孔子不應。白公曰：若以石投水中，何如？曰：吳越之善沒者能取之矣。曰：若以水投水，何如？孔子曰：菑澠之水合，易牙嘗而知之。白公曰：然則人固不可與微言乎？孔子曰：何謂不可？唯知言者之謂乎！

夫知言之謂者，不以言言也。爭魚者濡，爭獸者趨，非樂之也。故至言去言，至爲去爲。夫淺知之所爭者，末矣。白公不得也，故死於浴室。故老子曰：言有宗，事有君；夫唯無知，是以不吾知也。白公之謂也。文子微明篇文略同；彼作文子問老子語。

（文子精誠篇）老子曰：言有宗，事有本；失其宗本，技能雖多，不如寡言。害衆者倕而使斷其指，以明大巧之不可爲也。故匠人智爲不以能，以時閉，不知閉也，故必杜而後開。

知我者希，則我者貴；

（漢書楊雄傳）雄解難云：是以聲之眇者，不可同於衆人之耳；形之美者，不可棍於世俗之目；辭之衍者，不可齊於庸人之聽。今夫弦者高張急徽，追趨逐者則坐者不期而附矣。試爲之施咸池，揄六莖，發蕭韶，詠九成，則莫有和也。是故鍾期死，百牙絶絃破琴而不肯與衆鼓；繫人亡，則匠石輟斤而不敢妄斲。師曠之調鍾，竢知音者之在後也；孔子作春秋，幾君子之前睹也。老聃有遺言，貴知我者希，此非其操與？

是以聖人被褐懷玉。

七十一章

知不知，上；不知知，病。

〔呂氏春秋似順論別類篇〕知不知，上矣。過者之患，不知而自以爲知。物多類然而不然，故亡國僇民無已。夫草有莘有藟，獨食之則殺人，合而食之則益壽。萬堇不殺。漆淖水淖，合兩淖則爲蹇，溼之則爲乾；金柔錫柔，合兩柔則爲剛，燔之則爲淖。或溼而乾，或燔而淖，類固不必可推知也。小方，大方之類也；小馬，大馬之類也；小智，非大智之類也。

〔淮南子道應訓〕秦穆公興師，將以襲鄭。蹇叔曰：不可。臣聞襲國者，以車不過百里，以人不過三十里；爲其謀未及發泄也，甲兵未及銳弊也，糧食未及乏絕也，人民未及罷病也。皆以其氣之高與其力之盛至，是以犯敵能威。今行數千里，又數絕諸侯之地以襲國，臣不知其可也。君重圖之！穆公不聽。蹇叔送師，衰絰而哭之。師遂行，過周而東。鄭賈人弦高矯鄭伯之命，以十二牛勞秦師而賓之。三帥乃懼而謀曰：吾行數千里以襲人，未至而人已知之；其備必先成，不可襲也。還師而去。當此之時，晉武公適薨，未葬。先軫言於襄公曰：昔吾先君與穆公交，天下莫不聞，諸侯莫不知。今吾君薨未葬，而不弔吾喪，而不假道，是死吾君而弱吾孤也。請擊之！襄公許諾。先軫舉兵而與秦師遇於殽，大破之，擒其三帥以歸。穆公聞之，素服廟臨，以說於衆。

故老子曰：知而不知，上矣；不知而知，病也。
〔文子符言篇〕時之行，動則從，不知道者福爲禍；天爲蓋，地爲軫，善用道者終無盡；地爲軫，天爲蓋，善用道者終無害。陳彼五行必有勝，天之所覆無不稱。故知不知，上也；不知知，病也。

夫唯病病，是以不病。

〔潛夫論思賢篇〕老子曰：夫唯病病，是以不病。易稱其亡其亡，繫于苞桑。是故養壽之士先病服藥；養世之君先亂任賢。是以身常安而國永永也。

聖人不病，以其病病，是以不病。

〔韓非子喻老篇〕越王之霸也不病宦，武王之王也不病詈：故曰：聖人之不病也；以其不病，是以無病也．

七十二章

民不畏威，則大威至．無狎其所居，無厭其所生．夫唯不厭，是以不厭．是以聖人自知不自見，自愛不自貴；故去彼取此．

七十三章

勇於敢則殺，勇於不敢則活：此兩者，或利或害．

（淮南子道應訓）惠孟見宋康王，康王蹀足謦欬疾言曰：寡人所說者勇有力也；不說爲仁義者也，客將何以教寡人？惠孟對曰：臣有道於此：人雖勇，刺之不入；雖巧有力，擊之不中。大王獨無意邪？宋王曰：善。此寡人之所欲聞也。惠孟曰：夫刺之而不入，擊之而不中，此猶辱也。臣有道於此：使人雖有勇，弗敢刺；雖有力，不敢擊。夫不敢刺，不敢擊，非無其意也。臣有道於此：使人本無其意也。夫無其意，未有愛利之心也。臣有道於此：使天下丈夫女子莫不歡然皆欲愛利之。此其賢於勇有力也，四寡之上也。大王獨無意邪？宋王曰：此寡人所欲得也。惠孟對曰：孔墨是已。孔丘翟墨無地而爲君，無官而爲長。天下丈夫女子莫不延頸舉踵而願安利之者。今大王，萬乘之主也，誠有其志，則四境之內皆得其利矣。此賢於孔墨也遠矣。宋王無以應。
惠孟出，宋王謂左右曰：辯矣，客之以說勝寡人也！
故老子曰：勇於敢則殺，（五字據王念孫校增。）勇於不敢則活。
由此觀之，大勇反爲不勇耳。（文子道德篇文略同。）
（淮南子人閒訓）秦牛缺徑於山中而遇盜，奪之
車馬，解其橐笥，拖其衣被。盜還反顧之，無懼色憂
志，驩然有以自得也。盜遂問之曰：吾奪子財貨，劫
子以刀，而志不動，何也？秦牛缺曰：車馬，所以載身
也；衣服，所以揜形也。聖人不以所養害其養。盜相
視而笑曰：夫不以欲傷生，不以利累形者，世之聖
人也。以此而見王者，必且以我爲事也。還反殺之。

此能以知知矣，而未能以知不知也；能勇於敢，而未能勇於不敢也。

天之所惡，孰知其故？

〔列子力命篇〕楊朱之友曰季梁。季梁得病，七日大漸；其子環而泣之，請醫。季梁謂楊朱曰：吾子不肖如此之甚，汝奚不爲我歌以曉之？楊朱歌曰：天其弗識，人胡能觧？匪祐自天，弗孽由人；我乎汝乎！其弗知乎！醫乎巫乎！其知之乎！其子弗曉，終謁三醫：一曰矯氏，二曰俞氏，三曰盧氏，診其所疾。矯氏謂季梁曰：汝寒温不節，虛實失度，病由饑飽色欲，精慮煩散，非天非鬼，雖漸，可攻也。季梁曰：衆醫也；

亟屏之！俞氏曰：女始則胎氣不足，乳湩有餘，病非一朝一夕之故，其所由來漸矣；弗可已也。季梁曰：良醫也；且食之！盧氏曰：汝疾不由天，亦不由人，亦不由鬼。稟生受形，既有制之者矣；亦有知之者矣。藥石其如汝何？季梁曰：神醫也；重貺遣之！俄而季梁之疾自瘳。生非貴之所能存，身非愛之所能厚；生亦非賤之所能夭，身亦非輕之所能薄。故貴之或不生，賤之或不死；愛之亦不厚，輕之或不薄。此似反也，非反也；此自生自死，自厚自薄。或貴之而生，或賤之而死；或愛之而厚，或輕之而薄。此似順也，非順也；此亦自生，自死，自厚，自薄。鬻熊語文王曰：自長非所增，自短非所損；算之所亡，若何？老聃語關尹曰：天之所惡，孰知其故？言迎天意，揣利害，不如其已。

是以聖人猶難之。天之道，不爭而善勝，不言而善應，不召而自來，繟然而善謀。

天網恢恢，疏而不失。

（後漢書郎顗傳）顗條便宜云：王者崇寬大，順春令，則雷應節；否則發動於冬，當震反潛。故易傳曰：當雷不雷，太陽弱也。今蒙氣不除，日月變色，則其効也。天網恢恢，疏而不失，隨時進退，應政得失。

七十四章

民不畏死，奈何以死懼之？

（尹文子大道下篇）老子曰：民不畏死，如何以死懼之？凡民之不畏死，由刑罰過；刑罰過，則民不賴其生；生無所賴，視君之威末如也。刑罰中，則民畏死；畏死，由生之可樂也；知生之可樂，故可以死懼之。此人君之所宜執，臣下之所宜慎。

若使民常畏死而爲奇者，吾得執而殺之，孰敢？

常有司殺者殺。夫代司殺者殺，是謂代大匠斲。

夫代大匠斲者，希有不傷其手矣。

（淮南子道應訓）昔堯之佐九人，舜之佐七人，武王之佐五人；堯舜武王於九七五者，不能一事焉。

然而垂拱受成功者，善乘人之資也。故人與驥逐走，則不勝驥；託於車上，則驥不能勝人。北方有獸，其名曰蹶，鼠前而兔後，趨則頓，走則顛，常爲蛩蛩駏驉取甘草以與之。蹶有患害，蛩蛩駏驉必負而走。此以其能託其所不能。故老子曰：夫代大匠斲者，希不傷其手。

〔文子上仁篇〕老子曰：鯨魚失水，則制於螻蟻；人君舍其所守而與臣爭事，則制於有司。以無爲持位守職者，以聽從取容；臣下藏智而不用，反以事專其上。人君者不任能而好自爲，則智日困而自負責，數窮於下，則不能申理；行墮於位，則不能持制。智不足以爲治，威不足以行刑，則無以與天下交矣。喜怒形於心，嗜欲見於外，則守職者離正而阿上，有司枉法而從風，賞不當功，誅不應罪，則上下乖心，君臣相怨，百官煩亂，而智不能解，非譽萌生，而明不能照，非己之失，而反自責，則人主愈勞，人臣愈佚，是代大匠斲；夫代大匠斲者，希有不傷其手矣。

七十五章

民之饑，以其上食稅之多，是以饑。

〔後漢書郎顗傳〕顗條便宜云：王者之義，時有不登，則損滋徹膳，數年以來，穀收稍減，家貧戶饉，歲不如昔。百姓不足，君誰與足？水旱之災，雖尚未至，然君子遠覽，防微慮萌。老子曰：人之飢也，以其上食稅之多也。

民之難治，以其上之有爲，是以難治；民之輕死，以其求生之厚，是以輕死。夫唯無以生爲者，是賢於貴生。

〔淮南子道應訓〕昔孫叔敖三得令尹，無喜志；三去令尹，無憂色。延陵季子，吳人願一以爲王而不肯。許由讓天下而弗受。晏子與崔杼盟，臨死地不變其儀。此皆有所遠通也。精神通於死生，則物孰能惑之？荆有佽非，得寶劍於干隊，還反度江，至於中流，陽侯之波兩蛟俠繞其船．佽非謂枻船者曰：嘗有如此而得活者乎？對曰：未嘗見也．於是佽非敦然瞋目攘臂拔劍曰：武士可以仁義之禮說也，不可劫而奪也．此江中之腐肉朽骨，棄劍而已，余有奚愛焉？赴江刺蛟，遂斷其頭，船中人盡活，風波畢除．荆爵爲執圭．孔子聞之，曰：夫善載腐肉朽骨棄劍者，佽非之謂乎！故老子曰：夫唯無以生爲者，是賢於貴生焉．

（淮南子精神訓）見前五十章夫何故條．

七十六章

人之生也柔弱，其死也堅強；萬物草木之生也柔脆，其死也枯槁。故堅強者死之徒，柔弱者生之徒。是以兵強則不勝，木強則兵。

〔列子黃帝篇〕天下有常勝之道，有不常勝之道。常勝之道曰柔，常不勝之道曰彊。二者亦知，而人未之知。故上古之言：彊先不己若者，柔先出於己者。先不己若者，至於若己，則殆矣；先出於己者，亡所殆矣。以此勝一身若徒；以此任天下若徒。謂不勝而自勝，不任而自任也。粥子曰：欲剛，必以柔守之；欲彊，必以弱保之。積於柔必剛，積於弱必彊。觀其所積，以知禍福之鄉。彊勝不若己，至於若己者剛；柔勝出於己者，其力不可量。老聃曰：兵彊則滅，木彊則折；柔弱者生之徒，堅彊者死之徒。淮南子原道訓文子道原篇文皆略同。

〔說苑敬慎篇〕見前四十三章天下之至柔條。

強大處下，柔弱處上。

七十七章

天之道，其猶張弓與！高者抑之，下者舉之；有餘者損之，不足者補之。

〔文子十守篇〕天之道，抑高而舉下，損有餘，補不足。江海處地之不足，故天下歸之奉之。聖人卑謙清靜辭讓者，見下也；虛心無有者，見不足也。見下故能致其高；見不足，故能成其賢。

天之道，損有餘而補不足．人之道則不然，損不足以奉有餘．孰能有餘以奉天下？唯有道者．是以聖人爲而不恃，功成而不處，其不欲見賢？

七十八章

天下莫柔弱於水，而攻堅强者莫之能勝．其無以易之．

（淮南子道應訓）見前四十二章天下之至柔條．

弱之勝强，柔之勝剛，天下莫不知，莫能行．

（淮南子道應訓）越王句踐與吳戰而不勝，國破身亡，困於會稽，忿心張膽，氣如湧泉；選練甲卒，赴火若滅，然而請身爲臣，妻爲妾，親執戈爲吳王先馬，果擒之於干遂。故老子曰：柔之勝剛也，弱之勝强也，天下莫不知，而莫之能行。越王親之，故霸中國。

是以聖人云：受國之垢，是謂社稷主；

〔淮南子道應訓〕晉伐楚，三舍不止。大夫請擊之。莊王曰：先君之時，晉不伐楚。及孤之身而晉伐楚，是孤之過也。若何其辱羣大夫？曰：先臣之時，晉不伐楚，今臣之身也晉伐楚，此臣之罪也。請三擊之！王俛而泣涕沾襟，起而拜羣大夫。晉人聞之，曰：君臣爭以過爲在己，且輕下其臣，不可伐也。夜還師而歸。老子曰：能受國之垢，是謂社稷主。

受國不祥，是爲天下王。

〔淮南子道應訓〕宋景公之時，熒惑在心。公懼，召子韋而問焉，曰：熒惑在心，何也？子韋曰：熒惑，天罰也；心，宋分野。禍且當君。雖然，可移於宰相。公曰：宰相，所使治國家也；而移死焉，不祥。子韋曰：可移於民。公曰：民死，寡人誰爲君乎？寧獨死耳！子韋曰：可移於歲。公曰：歲，民之命；歲饑，民必死矣。爲人君而欲殺其民以自活也，其誰以我爲君者乎？是寡人之命固已盡矣！子無復言矣！子韋還走，北面再拜，曰：敢賀君！天之處高而聽卑；君有君人之言三，天必三賞君。今夕星必徙三舍，君延年二十一歲。公曰：子奚以知之？對曰：君有君人之言三，故有三賞；星必三徙舍，舍行七星，星當一年，三七二十一，故君移年二十一歲。臣請伏於陛下以伺之，星不徙，臣請死之。公曰：可。是夕也，星果三徙舍。故老子曰：能受國之不祥，是謂天下王。（新序雜事篇四文同。）

正言若反。

七十九章

和大怨，必有餘怨；安可以爲善？

（文子微明篇）見前三十一章。

是以聖人執左契而不責於人。有德司契，無德司徹。

天道無親，常與善人。

〔史記伯夷傳〕或曰天道無親，常與善人。若伯夷叔齊，可謂善人非邪？積仁絜行如此，而餓死。且七十子之徒，仲尼獨薦顏淵爲好學；然回也屢空，糟糠不厭，而卒蚤夭。天之報施善人，其何如哉？

八十章

小國寡民，使有什伯之器而不用，

〔文子符言篇〕天下雖大，好用兵者亡；國家雖安，好戰者危。故小國寡民，雖有什伯之器而勿用。

使民重死而不遠徙，雖有舟輿，無所乘之；雖有甲兵，無所陳之；

使人復結繩而用之．甘其食，美其服，安其居，樂其俗，鄰國相望，雞犬之聲相聞，民至老死不相往來．

〔莊子胠篋篇〕昔者容成氏，大庭氏，伯皇氏，中央氏，栗陸氏，驪畜氏，軒轅氏，赫胥氏，尊盧氏，祝融氏，伏羲氏，神農氏，當是時也，民結繩而用之，甘其食，美其服，樂其俗，安其居，鄰國相望，雞狗之音相聞，民至老死而不相往來．若此之時，則至治已．今遂至使民延頸舉踵曰：某所有賢者，贏糧而趨之，則內棄其親而外去其主之事，足跡接乎諸侯之境，車軌結乎千里之外，則是上好知之過也．上誠好知而无道，則天下大亂矣。

（史記貨殖傳）老子曰：至治之極，鄰國相望，雞狗之聲相聞；民各甘其食，美其服，安其俗，樂其業，至老死不相往來。必用此爲務，輓近世塗民耳目，則幾無行矣。

八十一章

信言不美，美言不信；善者不辯，辯者不善；知者不博，博者不知。

聖人不積，既以爲人，已愈有；既以與人，已愈多。

（戰國策魏策一）魏公叔痤爲魏將，而與韓趙戰澮北，禽樂祚。魏王說，迎郊，以賞田百萬祿之。公叔座反走，再拜辭曰：夫使士卒不崩，直而不倚，撓揀而不辟者，此吳起餘教也，臣不能爲也。前脈形地之險阻，決利害之備，使三軍之士不迷惑者，巴寧、爨襄之力也。縣賞罰於前，使民昭然信之於後者，王之明法也。見敵之可也，鼓之不敢怠倦者，臣也。王特爲臣之右手不倦賞臣，何也？若以臣之有功，臣何力之有乎？王曰：善。于是索吳起之後，賜之田二十萬，巴寧、爨襄田各十萬。王曰：公叔豈非長者哉！既爲寡人勝强敵矣，又不遺賢者之後，不揜能士之迹，公叔何可無益乎！故又與田四十萬，加之百萬之上，使百四十萬。故老子曰：聖人無積，盡以爲人，己愈有；既以與人，己愈多。公叔當之矣。

天之道，利而不害；聖人之道，爲而不爭。

老子古義卷下竟

珍倣宋版印

漢代老學者考附錄

漢世老子之學盛行，詩家如韓嬰，所著韓詩外傳，稱述老子之言。又如董仲舒力主屏百家以尊儒術者也；其所著書中，亦頗有道家言。然則文景二帝好老子，其風所被廣矣。余今考得傳記明載習老子或稱好其術，凡得五十餘人；其非毀老子者，凡二人。所據以司馬班范荀袁五家之書爲主；其有漏略，他日詳焉。

蓋公，曹參。

史記曹相國世家云：參之相齊，聞膠西有蓋公，善治黃老言，使人厚幣請之，卽見。蓋公爲言治道貴清靜而民自安，推此類具言之。參於是避正堂，舍蓋公焉。其治要用黃老術，故相齊九年，齊國安集，大稱賢相。

又樂毅傳贊云：樂臣公學黃帝老子，樂臣公教蓋公，蓋公教於齊高密、膠西，爲曹相國師。

又太史公自序云：曹參薦蓋公言黃老。

陳平。

漢書陳平傳云：少時，家貧，好讀書，治黃帝老子之術。

田叔。

史記田叔傳云：叔喜劍，學黃老術於樂巨公所。

漢書田叔傳云：叔好劍，學黃老術於樂鉅公。

河上公，漢文帝。

河上公序老子云：親以所注老子授文帝。

史記禮書云：孝文即位，有司議欲定儀禮，孝文好道家之學，以爲繁禮飾貌，無益於治。

風俗通正失篇云：然文帝本脩黃老之言，不甚好儒術。

隋書經籍志道德經注云：漢文時河上公注。

司馬季主。

史記日者傳褚先生補云：夫司馬季主者，楚賢大夫，游學長安，通易經，術黃帝、老子，博聞遠見。

竇太后，漢景帝，竇氏子弟．
漢書田蚡傳云：太后好黃老言．
又外戚傳云：竇太后好黃帝老子言，景帝及諸竇
不得不讀老子，尊其術．
又儒林傳云：太皇竇太后喜老子言，不說儒術．
樹達按漢書楊雄傳贊謂景帝以爲老子過於
五經，見後司馬遷條下．
又按文帝竇后景帝皆習老子，則一家夫婦父
子同好也．
直不疑．
史記萬石張叔傳云：不疑學老子言．

漢書同。

王生

史記張釋之列傳云：王生者，善爲黃老言，處士也。

漢書同。

汲黯。

史記汲鄭列傳云：黯學黃老之言。

漢書汲黯傳云：黯學黃老言。

鄭當時。

史記汲鄭列傳云：鄭當時者，字莊。莊好黃老之言。

漢書鄭當時傳云：當時好黃老言。

黃子，司馬談。

史記太史公自序云：談爲太史公，太史公習道論於黃子。

漢書司馬遷傳同。師古曰：景帝時人也。儒林傳謂之黃生，與轅固爭論於上前，謂湯武非受命，乃弒也。

司馬遷。

漢書揚雄傳贊云：桓譚曰：昔老聃著虛無之言兩篇，薄仁義，非禮學，然後世好之者尚以爲過於五經；自漢文景之君，及司馬遷皆有是言。

樹達按談遷父子世學老子。

楊王孫。

漢書楊王孫傳云：楊王孫者，孝武時人也；學黃老之術。

劉德。

漢書楚元王傳云：德字路叔，少修黃老術。德常持老子知足之計；妻死，大將軍光欲以女妻之，德不敢取，畏盛滿也。

荀悅漢紀十八云：宗正陽成侯劉德者，辟彊之子也。好黃老術。

樹達按德爲劉向之父，向有老子說，見藝文志。亦父子世學老子也。

鄧章。

漢書晁錯傳云：建元中，上招賢良，公卿言鄧先。鄧先時免，起家爲九卿，一年，復謝病免歸。其子章以修黃老言顯諸公閒。

嚴遵。

漢書王貢兩龔鮑傳云：蜀有嚴君平。君平卜筮於成都市，裁日閱數人，得百錢足自養，則閉肆下簾而授老子。依老子嚴周之指著書十餘萬言。

蜀志秦宓傳云：嚴君平見黃老，作指歸。

隋書經籍志道德經注云：梁有隱士嚴遵注二卷。

鄰氏，傅氏，徐氏，劉向。

漢書藝文志有老子鄰氏傳四篇，老子傅氏經說三十七篇，老子徐氏經說六篇，劉向說老子四篇。

蔡勳。

後漢書蔡邕傳云：六世祖勳，好黄老，平常時，爲郿令。

安丘望之，耿況，王伋。

後漢書耿弇傳云：父況，字俠游，以明經爲郎，與王莽從弟伋共學老子於安丘先生。李注引稽康聖賢高士傳曰：安丘望之字仲都，京兆長陵人，少持老子經，恬淨不求進宦，號曰安丘丈人。成帝聞，欲見之，望之辭不肯見，爲巫醫於人間也。

皇甫謐高士傳云：望之著老子章句，故老子有安邱之學．扶風耿況王伋等皆師事之，從受老子．

隋書經籍志道德經注云：梁有漢長陵三老毋丘望之注二卷．

班嗣．

漢書敘傳云：嗣雖修儒學，然貴老嚴之術．按漢人諱莊爲嚴．

杜房．

弘明集五引桓譚新論祛蔽篇云：余嘗過故陳令同郡杜房，見其讀老子書，言：老子用恬淡養性致壽數百歲．

甄宇．

東觀漢記云：宇清靜少欲，常稱老氏知足之分．

馮衍.

後漢書馮衍傳衍自論云:年衰歲暮,悼無成功,將西田牧肥饒之野,殖生產,修孝道,營宗廟,廣祭祀,然後闔門講習道德,觀覽乎孔老之論.

樹達按自論又云:馮子以爲夫人之德,不碌碌如玉,落落如石.又顯志賦云:大老聃之貴玄.又云:名與身其孰親.皆用老子文,則衍誠慕老者也.

向長.

後漢書逸民向長傳云:好通老易.

高恢.

後漢書逸民梁鴻傳云：鴻友人京兆高恢，少好老子，隱於華陰山中。

任光。

袁宏後漢紀云：光好黃老言，爲人純厚。

樹達按：范書不載。

任隗。

後漢書任隗傳云：隗少好黃老，清靜寡欲。

後漢紀同。

樹達按：隗，光之子也，此亦父子世學。

范升。

後漢書范升傳云：及長，習梁丘易老子，教授後生。

湻于恭。

後漢書湻于恭傳云：恭善說老子，清靜不慕榮名。進對陳政，皆本道德。

楚王英。

後漢書楚王英傳云：英少時，好游俠，交通賓客，晚節更喜黃老學。

鄭均。

後漢書鄭均傳云：均少好黃老書。

東觀漢記云：均治尚書，好黃老，淡泊無欲，清靜自守，不慕游宦。

樊融。

後漢書酷吏樊曄傳云：子融，有俊才，好黃老，不肯
爲吏。

樊瑞。

後漢書樊準傳云：父瑞，好黃老言，清靜少欲。

翟酺。

後漢書翟酺傳云：好老子。

馬融。

後漢書馬融傳云：注孝經，論語，詩，易，三禮，尚書，列
女傳，老子，淮南子，離騷。

楊厚。

後漢書楊厚傳云：歸家修黃老，教授，門生上名錄

者三千餘人。

周勰。

後漢書周勰傳云：常隱處竄身，慕老聃清淨，杜絕人事。

矯慎。

後漢書逸民傳云：矯慎少學黃老，隱遯山谷，因穴爲室，仰慕松喬道引之術，與馬融蘇章鄉里並時。

漢桓帝。

後漢書循吏王渙傳云：延熹中，桓帝事黃老道。

又西域傳云：桓帝好神，數祀浮圖老子。

樹達按此竟以老子爲教主矣。

張角。

後漢書皇甫嵩傳云：初，鉅鹿張角自稱大賢良師，奉事黃老道，畜養弟子，跪拜首過，符水呪説以療，病者頗愈，百姓信向之。

樹達按此後世道教之始，與老子之學蓋遠矣。

向栩。

後漢書獨行傳云：向栩，向長之後，恆讀老子。

樹達按長好老子，見前，此亦家世其學也。

折像。

後漢書方術傳云：像能通京氏易，好黃老言。

劉先。

後漢書劉表傳注引零陵先賢傳云：先字始宗，博學强記，尤好黃老，明習漢家典故。

馮顥。

華陽國志云：馮顥，字叔宰，廣漢郪人也。作易章句，修黃老，恬然終日。

附非毀老子學者二人。

轅固生。

漢書儒林傳云：竇太后好老子書，召問固。固曰：此家人言耳。

劉陶。

後漢書劉陶傳云：陶著書數十萬言，又作七曜論，匡老子，反韓非，復孟軻。

十三年六月三日，遇夫寫於北京屯絹胡同寓廬。

老子古義附錄竟